Gisèle Halimi
Alles, was ich bin

Zu diesem Buch

Warum wurde sie von ihrer Mutter nicht geliebt? Gisèle Halimi quält diese Frage ein Leben lang. Noch am Sterbebett der Mutter erfährt sie nur Gleichgültigkeit. In ihrer Kindheit standen die Brüder im Mittelpunkt der mütterlichen Aufmerksamkeit, ihnen galt ihr Lächeln, ihnen zollte sie Bewunderung, gab ihnen Unterstützung und Liebe. Der Tochter gegenüber aber blieb die stolze Schönheit immer unnahbar. Gisèle kämpfte um die mütterliche Zuneigung, rebellierte gegen die Ungerechtigkeit – und die ständige Auflehnung machte sie zu einer starken, erfolgreichen Persönlichkeit. Ihr Tagebuch einer ungeliebten Tochter ist ein schonungsloses Buch der Gefühle, es bricht mit dem Mythos der Mutterliebe und ist ein Zeugnis leidenschaftlichen, aber auch optimistischen Aufbegehrens gegen das Schicksal.

Gisèle Halimi, geboren 1927 in Tunesien, ist erfolgreiche Rechtsanwältin in Paris. Sie spielt in Frankreich eine wichtige Rolle im öffentlichen Leben; jahrelang war sie Abgeordnete und mit Simone de Beauvoir eine bedeutende Protagonistin der französischen Frauenbewegung.

Gisèle Halimi
Alles, was ich bin

Tagebuch einer ungeliebten Tochter

Aus dem Französischen von
Stephanie Oruzgani

Piper München Zürich

Ungekürzte Taschenbuchausgabe
April 2002
© 1999 Plon, Paris
Titel der französischen Originalausgabe:
»Fritna«
© der deutschsprachigen Ausgabe:
2000 Piper Verlag GmbH, München,
erschienen im Verlagsprogramm Malik
Umschlag / Bildredaktion: Büro Hamburg
Isabel Bünermann, Julia Martinez, Charlotte Wippermann
Foto Umschlagvorderseite: Sheila Metzner (»Lisa«)
Foto Umschlagrückseite: Irmeling Jung
Satz: Satz für Satz. Barbara Reischmann, Leutkirch
Druck und Bindung: Clausen & Bosse, Leck
Printed in Germany   ISBN 3-492-23551-4

www.piper.de

Für Maud-Tahfouna und Édouard, den kleinen Prinzen

Oh! l'amour d'une mère! Amour que nul n'oublie
Pain merveillleux qu'un Dieu partage et multiplie
Table toujours servie au paternel foyer
Chacun en a sa part, et tous l'ont tout entier.
Victor Hugo

Ich schreibe, um geliebt zu werden.   *Jean Genet*

Fritna

Fritna	Fortunée, Gisèles Mutter
Édouard	Fritnas Mann
Fritnas Kinder	Marcel, genannt Marcelo
	Gisèle, genannt Zeïza
	Gaby, genannt Jouira
	Henri, genannt Nano
Gisèles Söhne	Jean-Yves Édouard
	Serge, genannt Kamoun
	Emmanuel Faux, genannt »Manufô« oder Manu
Claude Faux	Gisèles Mann, der Schwiegersohn von Fritna und Édouard – ein *Goi*

Schwarze Augen, graue Augen

Vorsichtig, mit den Fingerspitzen, versuche ich, das rechte Auge zu schließen, das noch halb offen ist. Zweifellos hatte eine Krankenschwester bei ihrer Runde durch die Zimmer in Eile die Lider derer geschlossen, die in der Nacht gestorben waren.

Der Angestellte der »Galerie der Toten« – so wird das Leichenhaus auch genannt – schiebt den Rollwagen Nummer fünfundzwanzig (oder war es fünfundfünfzig? ich weiß nicht mehr, ich erinnere mich an diesen albernen Gedanken: mit der Ziffer »5«, das bringt Glück ...) in die kalte Betonzelle. Er gibt mir ein Zeichen, daß er draußen warte. »Wenn Sie fertig sind ...«

Das Lid öffnet sich wieder. Die Tote wird lebendig. Die Totenstarre hat in weniger als vierundzwanzig Stunden alles steif werden lassen. Ich sehe das frühere, nun glasige Grau der Pupille. Von meiner Mutter Fortunée, die ihre Verwandten *Fritna* nannten, eine Übersetzung und Verkleinerungsform im Judeo-Arabischen, kommt ein winziges, abgemagertes, weißes Gesicht zum Vorschein. Unter dem Laken zeichnet sich ein kleiner Körper, eine fast kindliche Form, ab, als sei sie in sich selbst zusammengeschrumpft.

Claude berührt mich an der Schulter: »Wir müssen gehen, es ist spät...« Ich lasse mich zum Auto führen. »Wie kalt sie ist«, sage ich stupide. Claude deutet ein vages »Logisch!« an. Ich bin still.

Seit der Angestellte, der ein graues Hemd trug, mit einer schwungvollen, knappen Bewegung schnell und schonungslos das Laken weggenommen und das Gesicht der Toten enthüllt hat, kann ich mich nicht entscheiden: ein Grinsen oder ein Lächeln, diese beiden schmalen, kaum geöffneten Lippen? Ein letztes Leiden oder ein erleichtertes Hinübergleiten in den Tod? Und ihre Augen? Tiefschwarz, Überbleibsel jenes kohlrabenschwarzen Funkelns, das meinen Vater Édouard derart verzauberte, daß er sie – so die Familienlegende – bat, ihn zu heiraten, kaum daß er sie gesehen hatte, obwohl sie gerade erst sechzehn Jahre alt wurde? Oder sind sie stahlgrau, ein Zeichen von Bestrafung und Ausschluß?

Ich war wohl fast neun Jahre alt. Ich kehrte in Begleitung meiner Eltern vom Strand zurück.

Mein Vater, ein verdammter Schmarotzer, praktizierte im großen Stil die Kunst, sich immer aus der Affäre zu ziehen. Endlos diskutierte er den Preis eines *kedj* (Haufen) Orangen und verlangte nach Abschluß des Handels noch zwei oder drei als Zugabe. Wann immer möglich, stibitzte er, was sich ihm bot: das Papier des Anwalts, bei dem er anfangs als Laufjunge arbeitete, die Seife aus der Toilette des Kinos, in das wir, mein Bruder und ich, umsonst reingekommen waren, indem wir uns ins Gedränge mischten. »Sie sind klein, sie bezahlen nicht«, entschied Édouard. Er zeigte auf diesem Gebiet große Schlagfertigkeit und ein Talent zu Phantastereien, um den Chef, den Verkäufer, die Behörden, kurz: die Reichen, übers Ohr zu hauen. Édouard kam arm zur Welt. Es galt, das Gleichgewicht mit »ihnen«, den »anderen«, durch List und bei Bedarf durch ein besonderes Arrangement mit den Gesetzen wiederherzustellen.

An jenem Sonntagabend also, in diesem Zug, der mit all jenen überfüllt war, die der Gluthitze in Tunis entflohen waren, und zu einem Zeitpunkt, als man ihn nicht mehr erwartete, erschien die gefürchtete Person. Der Schaffner. Mein Vater holte, als letzter im Abteil, unsere drei Fahrkarten mit einer Feierlichkeit hervor, die er für natürlich hielt. »Ihr Berechtigungsschein für Familienermäßigung?« fragte der Schaffner. Glücklich über die Ablenkung – und den Nutzen, den er daraus ziehen würde –, kramte Édouard in seiner Tasche und zog die wertvolle Karte, die in der Mitte wieder zusammengeklebt war, hervor. »Hier, hier ...« Doch nachdem der Bedienstete einen kurzen Blick auf die Karte geworfen hatte, die mein Vater ihm hinhielt, und sie nicht einmal in die Hand nahm, konzentrierte sich sein scharfer Blick auf die Untersuchung unserer Fahrscheine.

Er nahm einen davon – meinen – und schaute mich durchdringend an. »Halber Preis? Aber sie ist doch älter als sieben, oder?« – »Nie im Leben«, reagierte mein Vater heftig, »sie wird gerade erst sieben ... am ... am ...« Dreist gab er irgendein fiktives Datum an. Der Schaffner kam näher und maß mich mit einem nicht gerade freundlichen Blick. Es war heiß, der Tag war vermutlich voller Zwischenfälle auf diesen Fahrten zwischen Tunis und seinen Stränden gewesen, man merkte, daß er mit seiner Geduld ziemlich am Ende war.

»Steh auf«, sagte er zu mir, »stell dich hin ...« Völlig verschreckt, bewegte ich mich nicht und hielt meine verschränkten Beine fest umklammert. Die Stimme meines Vaters, des Lügners, wurde lauter. »Aber wenn ich Ihnen doch sage, daß sie erst sechseinhalb ist!« »Unmöglich!« antwortete der Bahnbeamte. Würde er uns ins Gefängnis stecken? Er hatte bereits von Betrug, einer Verwarnung, einer Ordnungsstrafe gesprochen. Ich schmiegte mich an meine Mutter, die sich – vollkommen ruhig und ohne uns anzuschauen, vor allem ohne *mich* anzuschauen – damit begnügte, mich noch etwas mehr gegen meinen Vater zu quetschen. Sie hielt mich auf der Bank fest, indem sie den Saum meines Rockes über meine Knie zog, als wolle sie vortäuschen, meine Beine seien nur halb so lang. Die Anordnung seitens der Familie war klar: nicht bewegen.

»Was glauben Sie denn, mein Herr?« entrüstete sich Édouard, »ich war Soldat für das Vaterland!« – »Steh auf«, sagte das menschenfressende Ungeheuer, »hab keine Angst, steh auf, mal sehen ...« Stumm blickte ich auf die Kratzer im Boden. Würden wir, wenn der Zug anhielt, zwischen zwei Polizisten aussteigen? Würde ich noch einmal von oben bis unten gemustert, eingeschätzt und abgemessen werden? »Sechseinhalb! Sie machen Witze, sie hat schon fast Brüste ... und ihre Taille, sie ist mindestens neun Jahre alt, Ihre Tochter ...« Und indem er sich zu mir beugte: »Wie alt bist du?« Er wurde langsam ungehalten. »Kannst du nicht mehr sprechen?« Panisches Schweigen. »Sprichst du auch in der Schule nicht?« Er nahm mich am Ärmel. »Steh sofort auf«, befahl er. Eine letzte Aufforderung. »Sonst bekommt ihr eine Verwarnung und müßt euch vor Gericht verantworten.« »Steh auf, steh auf«, brummte mein Vater, »wenn man uns nicht glaubt ...«

Ich mußte aufstehen. Mir war heiß. Mir schwindelte. Das also war Scham? Dann der Schock, in eisiges Wasser einzutauchen. Langsam stand ich auf, führte die Hand an meine Stirn und drehte mich zu meiner Mutter. Ich schaute sie lange an, ich heftete meine Augen an die ihren, ich flehte sie an, hilflos, unglücklich, ein kaum gestammeltes »Mama« kam aus meinem Mund. Endlich schaute sie mich an. Mit Augen, die plötzlich grau geworden waren, kalt wie das Meer, in dem ich ertrank. Eine Waagschale aus Stahl. Ich war schließlich zu groß. Alles war meine Schuld, ich verriet meine Eltern durch meine schlaksige Gestalt, durch meine Unfähigkeit, bei Bedarf zu schrumpfen.

Meine Mutter spürte zweifellos, daß ihr Blick mich verletzte. Sie wandte den Kopf ab und tat, als verfolge sie den Streit meines Vaters mit dem Schaffner – schließlich mußten wir nur die Differenz zum vollen Preis bezahlen. Sie schaute mich wieder an, noch gleichgültiger. Die Sache war klar, ich allein trug die Verantwortung. Und damit basta.

Ich denke, ich habe mich klar ausgedrückt: Meine Mutter liebte mich nicht. Hatte mich nie geliebt, sagte ich mir an manchen Tagen. Sie, auf deren seltenes und immer den anderen geltendes Lächeln ich lauerte, auf das schwarze Leuchten ihrer Augen, Augen einer spanischen Jüdin, sie, deren hochmütiges Auftreten ich bewunderte, ebenso wie ihre Schönheit, verewigt auf einem an der Wand befestigten Foto, auf dem sie als Beduinin gekleidet ist, ihre dunklen Haare reichen ihr bis zu der Hüfte, sie trägt riesige Ohrringe, einen irdenen Krug auf dem Rücken, gehalten von einer dünnen, über den Kopf geführten Schnur, sie, meine Mutter, deren Hände, deren Gesicht ich streifte, damit sie mich berühren, mich endlich umarmen möge, sie, meine Mutter, liebte mich nicht.

Sie verweigerte jegliche Umarmung, jeglichen Kuß, jegliche Berührung. Diese wunderbare Wonne, die ich mit meinen Söhnen erfahren habe und die ich mit meinen Enkelkindern erlebe, das Kind in die Arme zu nehmen, es mit Küssen zu bedecken, es zu kitzeln, zu beißen, beim Purzelbaum bis zur Atemlosigkeit mit ihm zu lachen – sie wollte davon nichts wissen. Zumindest nicht mit ihren Töchtern. In meiner Erinnerung an eine weit zurückliegende Krankheit – »mit diesem Mädchen müssen wir wirklich alle Krankheiten durchmachen«, jammerte Fortunée – fühle ich wieder einen vor Fieber schmerzenden, schweißgebadeten Körper. Laken, die fachmännisch ständig gewechselt wurden, ein geschickt untergeschobenes Kopfkissen, ein schnelles »schlaf jetzt«. Fritna und das Fehlen von etwas. Das Fehlen jeglicher Liebkosung, das Fehlen eines Körpers, das Fehlen der Mutter. Wenn jedes Risiko einer anstrengenden Arbeit ausgeschlossen war, nahm Édouard meine Hand, »du bist noch heiß«, und erzählte mir eine dieser verrückten Geschichten über »Shah«, unseren Nationaltrottel, der eine Schale voller Olivenöl auf den Kopf gestellt hatte, um in die Höhlung des Fußes noch einen Nachschlag zu bekommen; ich lachte, ich bat »Papa, mehr, mehr...«, und Édouard umarmte mich, umarmte mich noch einmal, deckte mich zu, ging. »Das reicht, du mußt schlafen.«

Ich schlief ein, glücklich, unglücklich, wer weiß, aufopferungsvoll gepflegt von meiner Mutter – nach dem Prinzip der Pflicht, dem Gesetz der Notwendigkeit – und zärtlich liebkost von meinem Vater – nach dem Prinzip des Vergnügens, dem Gesetz der Zuneigung.

Ihre Söhne liebte Fortunée hingegen. Ihre Sanftmut, ihr Gurren »mein Sohn, mein Sohn, *ouldazizi* ... meine Lieblinge«, ihre Umarmungen, ihre Ängste ... und die besonders großen Portionen auf den Tellern behielt sie ihren beiden Jungen vor: dem Ältesten und dem Jüngsten unter uns Geschwistern. Ihre Rechtfertigungsversuche bestanden aus wenigen Worten: »Er ist der Älteste ...« Oder beim anderen: »Er ist der Jüngste ...« Meine Schwester und ich selbst, zwischen ihnen wie in einem Sandwich, hatten das Pech, als Mädchen zur Welt gekommen zu sein.

In der tunesischen Gesellschaft der 40er Jahre hatte meine Mutter uns unser Schicksal vorgezeichnet: ein reicher Ehemann, zumindest jedoch einer, der von unserem Vater keine Mitgift verlangte, und das möglichst früh mit Einsetzen der Pubertät. Wie Gegenstände, die beiseite geschoben werden, bis sie von Nutzen sind, sollte meiner Schwester und mir, so schien Fritna entschieden zu haben, keine besondere Aufmerksamkeit zuteil werden. Weder ein Zeichen von Zuneigung noch die Sorge darum, daß wir etwas lernten, abgesehen vom Geschirrspülen, Wäschewaschen, Bettenmachen ... für unsere zukünftigen Ehemänner. Bis dahin hatten wir die Männer im Hause zu bedienen.

Fortunée liebte ihre zweite Tochter Gaby, die vier Jahre jünger ist als ich, ebensowenig. Für Gaby hob sie die undankbarsten Aufgaben im Haushalt auf, sie zog ihr meine alten Kleider an, versuchte, sie zu unterjochen, was bei mir wegen meiner frühzeitigen Auflehnung fehlgeschlagen war. So begab ich mich im Alter von zehn Jahren in den Hungerstreik, um nicht Geschirr spülen oder meine Brüder bedienen zu müssen, und vor allem, um meine Eltern zu zwingen, mich weiterhin aufs Gymnasium gehen zu lassen, wo ich eine sehr gute Stipendiatin war, statt mit fünfzehn den Ölhändler zu heiraten, der fünfundzwanzig Jahre älter war als ich und den sie für mich bestimmt hatten.

Gaby war ruhig und schien im selben Maße in ihr Schicksal ergeben, wie ich das meine voller Heftigkeit ablehnte.

Als junges Mädchen trotzte ich meiner Mutter fast unablässig. Ich weigerte mich, in die Synagoge zu gehen, ein albernes Kleid zu tragen, einen Heiratsanwärter zu treffen. Denn ihr zu trotzen hieß, eine Beziehung zu ihr zu haben. Selbst wenn es schmerzlich war, brauchte ich sie, um mit ihr zu sprechen, um zu versuchen, sie zu überzeugen. Von meinen Gründen? Nein. Sondern von meiner Existenz und dem Bedürfnis, das ich nach ihr hatte.

Was Gaby betraf, verstand ich schließlich, worin ihre Stärke bestand. Denn sie war stark. Bis zum Schluß, bis zum Tag der Beerdigung meiner Mutter. Sie schöpfte ihre Kraft daraus, daß sie nicht liebte. Genauso allgegenwärtig, genauso grenzenlos, wie es das Fehlen der Mutterliebe war. Sie war sehr introvertiert und gewöhnte sich früh an die Härte und Ablehnung, bewegte sich fast gleichmütig in diesem gestörten familiären Umfeld. Sie bettelte nicht, nicht mehr. Es schien, als hätte sie unter ihre Beziehung zu unserer Mutter einen Strich gezogen, indem sie ihre Gefühle für sie völlig unterdrückte. Und indem sie alles mit Édouards Liebe ausglich.

So wie ich vermutlich, nur daß ich nicht aufhörte, gleichzeitig die Liebe Fritnas zu suchen.

Bei Édouard war alles anders. Paradoxerweise liebte uns dieser Mann, für den die Geburt seiner Töchter ein Schicksalsschlag gewesen war – nur die Jungen sorgen für den Fortbestand des Namens, der Ehre, vergrößern die Familie und verdienen selbst ihren Lebensunterhalt, während die Mädchen, zum Verheiraten bestimmt, ein Quell der Sorge sind und der Wachsamkeit, Aufsicht und Disziplin bedürfen, damit sie rein bleiben. Er fand uns lebhaft, intelligent (intelligenter als unsere beiden Brüder, was offensichtlich war), hübsch.

Wir warfen uns ihm buchstäblich an den Hals, damit er uns umarmte, wir warfen uns ihm zu Füßen für das Privileg, ihm vor seinem Mittagsschlaf die Schuhe aufzubinden: jede einen. Vor dem Einschlafen dachte er sich für uns Geschichten voller Magie aus – mit der Begabung eines alten arabischen Erzählers, dessen Geschichte mit jeder Generation mehr ausgeschmückt wird, da sie nicht aufgeschrieben, sondern mündlich weitergegeben wird. Er vermischte darin Landschaften, Figuren, Epochen und Tiere, mit einer besonderen Vorliebe für Fische in jeglicher Gestalt, goldene Fische, riesengroße, fliegende, sprechende. Danach hatten wir wunderbare Träume. »Noch eine, Papa, noch eine ...« Wir gurrten vor erwiderter Zärtlichkeit. Wann immer wir konnten, glichen wir dieses Manko, das uns völlig entstellte, aus: Mädchen zu sein und nicht von unserer Mutter geliebt zu werden.

Über schöne Alleen, die im Sommer sicherlich blühen, haben wir die Leichenhalle verlassen.

»Ich komme morgen wieder her, ich will sie wiedersehen ...«

Claude hält das nicht für gut: »Du hast sie gesehen ...
Sie ist tot. Es gibt nichts mehr zu sehen.«

Ich versteife mich darauf, ich werde morgen wiederkommen, ich brauche eine erneute Konfrontation mit
Fritna und ihren nur halb geschlossenen Augen.

Die Akte »Die Ungeliebte«

Die Krankenschwester schwenkte ein altmodisches Thermometer (Ich: »Ich dachte, das gibt's nicht mehr, Thermometer mit Quecksilber?« Sie: »Das gilt nicht für die mittellosen Krankenhäuser.«) und reichte es meiner Mutter.

Lächelnd und mit möglichst fachkundigem Blick, versuche ich, die Diagramme, die am Kopfende hängen, zu entschlüsseln. »Wie alt ist Ihre Mutter?« Die Korpulenz, das ebenholzfarbene Schwarz und dann noch der leichte Akzent, der das »r« verschluckt, würden sie zu einer idealen Statistin in *Onkel Toms Hütte* machen. Doch sie kommt bloß aus Fort-de-France oder Guadeloupe, diesem unerschöpflichen Reservoir an Arbeitskräften für die Krankenhäuser.

»Zweiundachtzig, dreiundachtzig Jahre.« (Instinktiv habe ich ihr Alter zu niedrig angegeben.) Meine Mutter gibt ihr das Thermometer zurück. »Schon eine Leistung, dieses Alter zu erreichen. So alt werden nicht alle, wissen Sie . . . Das ist sogar selten . . . Und diese ganze Pflege, die Pflege dieser Alten . . .« Leise grummelt sie vor sich hin – »vierundachtzig, nicht schlecht« – und notiert (wobei sie immer noch vor sich hin grummelt) »37,8°, das ist auch nicht schlecht!« Sie wirft meiner Mutter einen seltsamen

Blick zu, voller Mißbilligung und zugleich fast Groll, und verläßt das Zimmer.

Fritna hat nichts gehört, sie hat die Ohren nur in dem Moment gespitzt, als die Temperatur abgelesen wurde. Sie weiß also nicht, daß ihre Krankenschwester meint, daß sie lange genug gelebt habe, daß die ganze Pflege, die ihr zuteil wird, pure Verschwendung sei und daß man sie töten oder zulassen sollte, daß sie sich selbst tötet.

Ich trete näher, sie nimmt meine Hand. »Meine Tochter, meine Tochter«, wiederholt sie. Eine sanfte, fast flehende Stimme, ein so eingefallenes Gesicht, daß es den Anschein hat, die dünne Haut müsse über den hervortretenden Knochen reißen. »Es geht mir schlecht, ich weiß ... aber warum geht es mir schlecht, sag mir das, meine Tochter, warum?« Sie hat ihren Augen Schwarz aufgesetzt, doch, einst strahlend, scheinen sie heute von einem grauen Schleier überzogen, der ihren Glanz trübt. Dennoch erheben sie Anspruch, sprechen von der Angst vor dem folgenden Tag, von Einsamkeit. Ich will und ich will nicht. Ich zögere. Werde ich meine Suche erneut beginnen, die Suche, mit der ich in der Kindheit begonnen habe, noch ein Mal, oder sie gehen lassen, ohne meine Antwort zu haben?

Ich sage ihr, daß ich auf meinen Urlaub auf Sizilien verzichtet habe, daß dringende Geschäfte mich in meine Kanzlei riefen, daß ich es folglich vorgezogen habe, achtundvierzig Stunden nachdem ich Paris verlassen hatte, wieder dorthin zurückzukehren.

In Wahrheit hatte ich gleich nach meiner Ankunft in Palermo den Chefarzt angerufen, einen Professor der Kardiologie und diensthabenden Verantwortlichen. »Ihre Aorta ist riesig, ihr Zustand hat sich verschlechtert«, sagte er mir.

»Auf keinen Fall kann man sie operieren, in ihrem Alter.«
Ich mochte diesen Pessimismus nicht. Trotz der gesund-
heitlichen Schwierigkeiten war meine Mutter kräftig und
hatte immer durch ihre Widerstandskraft überrascht. »Sie
hat schon vielen Prognosen einen Strich durch die Rechnung gemacht, Herr Professor.« »Niemand in Frankreich
wird sie so operieren.« Bestimmt hatte er hinzugefügt:
»Weder in Frankreich noch anderswo . . .« War das also das
Ende? Um das herauszuhorchen, fragte ich ihn, ob er es
für nötig halte, daß ich auf meinen Urlaub verzichtete,
immerhin war Weihnachten, oder vielleicht könne ich
doch . . . »Ihre Mutter kann einen, mehrere Monate durchhalten, niemand weiß das, aber ihr Herz ist am Ende und
kann jeden Moment aufhören zu schlagen.« Und so packte
ich innerhalb einer halben Stunde meinen Koffer. Die
Flugzeuge waren zum Jahresende alle ausgebucht. Schließlich fand ich eine umständliche Verbindung über Rom,
mit stundenlangem Aufenthalt und nochmaligem Umsteigen, bis ich spätabends in Paris ankam.

Ich sehe, wie sie mich erneut betrachtet, sie scheint
an Boden gewonnen zu haben in den letzten drei Tagen.
»Ihre Mutter ist ein Rätsel. Eine außergewöhnliche Wider-
standskraft, das ist wahr, aber alles kann von einer Minute
auf die andere aussetzen.« Im Moment wirkt sie ruhig, und
sie läßt meine Hände nicht los. Ich fühle, wie etwas völlig
Neues über mich hereinbricht, ihre Zärtlichkeit und die
Angst eines Kindes, das die Gesten der Liebe entdeckt.
Überwältigt nehme ich ihre Hände und küsse sie sanft.
Als wolle sie mich nachahmen, nimmt sie sofort meine
Hände und bedeckt sie mit Küssen. Ein bißchen verblüfft,
beginne ich von neuem. Fritna ebenfalls. Sie umfaßt mein
Gesicht mit ihren Handflächen und küßt mich, schnell

hintereinander, auf die Nase, die Wangen. Und, länger, auf die Lippen, »meine Tochter, mein Liebling«... Das Ganze dauert ein oder zwei Minuten, eine Ewigkeit, die unterbrochen werden muß, um nicht alles kaputtzumachen.

Ich wünschte, sie würde sprechen. Es ist stärker als ich. Und dabei hatte ich mir geschworen, die Sache als abgehakt zu betrachten. Die Akte »Die Ungeliebte« zu schließen. Das, woraus notgedrungen »die Verkorkste« entstand, eine, der es aufgrund des fehlenden Einverständnisses mit der Mutter, fehlender Gesten, Zeichen, liebevoller Worte an Wegen und der Fähigkeit mangelt, eine Beziehung zu anderen aufzubauen. Wer kann körperlich besser als die Mutter die Sinnlichkeit wecken, die in jedem Kind steckt, die Kraft des Zusammengehörigkeitsgefühls, das Glück, zu wissen, daß man für den anderen einzigartig ist?

Ich will es wissen. Ich will die Gründe für diese Ablehnung verstehen. Vielleicht wird es mir so gelingen, die Folgen möglichst gering zu halten, meine Jahre des seelischen Umherirrens, der ununterbrochenen Suche anders zu sehen?

»Ich dich nicht lieben?« Meine Mutter schöpft Kraft, setzt sich in ihrem Bett auf, zieht ihre Hände zurück. »Ich, die dich immer gepflegt hat, immer bist du krank gewesen. Hattest Fieber, deine Laken waren naß, nachts bin ich aufgestanden, um sie zu wechseln ... Wie kannst du es wagen, mir das zu sagen, Gisèle?« Ihr Ton wurde härter. »Schämst du dich nicht, ich, die für dich beinahe gestorben wäre ...« Und als sie meine Verblüffung sieht: »Für dich und die anderen, für alle vier Kinder. Und dein Vater, der ...« Und es folgt die Litanei der unverstandenen Ehefrau, der über jeden Verdacht erhabenen Mutter, die ungerechterweise verdächtigt wird.

»Mama, du hast meine Laken gewechselt, das stimmt, aber du hast mich nicht in den Arm genommen, du hast mich nie umarmt.« Ich habe es gewagt. Nie zuvor hatte ich es gesagt. Es ist raus. Ich bin wieder in der Kindheit. »Hör zu, das reicht. Ich bin müde.« Obwohl ihre Stimme ganz leise ist, läßt sie mich erstarren. Mit grauen Augen bedeutet sie mir, daß der Zustand der Gnade – unsere umschlungenen Hände – zu Ende ist, und fügt mit vorwurfsvollem Unterton hinzu: »Ich muß mich ausruhen.« Und indem sie sich zur Wand dreht: »Du weißt, daß ich krank bin!«

Als ich wie ein Roboter die Gänge entlanggehe, stelle ich überrascht fest, daß ich stark schwitze. Es ist Dezember! Ich muß mich setzen. Ich wische mir über die Stirn, den Hals. Die Wände bewegen sich ein wenig, ich höre meine Mutter sagen: »Das reicht ... Ich bin müde«, verstärkt durch das Pochen in meinen Schläfen. Sie wird mir nicht antworten.

»Dein Bruder wird sich um mich kümmern«

Mechanisch räumte ich die Spielsachen und die Bonbonpapierchen weg, die meine Enkelin Maud-Tahfouna auf den Autositzen verteilt hatte, bevor ich sie nach Hause brachte.

Meine Mutter kennt Maud nicht. Als Jean-Yves, mein ältester Sohn, ihr bewegt verkündete: »Oma, ich habe eine Tochter!«, reagierte sie zunächst überhaupt nicht.

Fritna befand sich in ihrem letzten Lebensabschnitt, den sie abwechselnd in einem Altersheim und dann wieder, länger, im Krankenhaus verbrachte. Verschiedene Knochenbrüche, Herzbeschwerden, Lungenentzündungen ... Damit sie ihre Urenkelin kennenlernen würde (die ihre Großmutter nach Krankenhausvorschrift nicht besuchen durfte), hatte Jean-Yves in aller Heimlichkeit einen Videofilm geschnitten, um Fritna damit zu überraschen. Erstaunliche, wunderbare Bilder, aufgenommen seit Beginn der Schwangerschaft. Der Fötus Maud beim glücklichen Strampeln im Bauch seiner Mutter, mit Ultraschallaufnahmen hervorragend in Szene gesetzt. Dann die Geburt, das Lächeln des Babys, seine unerwarteten Gesten, sein Lallen. »Oma, du hast eine Urenkelin ... wir haben sie Maud genannt, du wirst sie auf dieser Kassette sehen, die ich dir mitgebracht habe, und ...« »Nein, ich will nicht, mein Sohn, nein. Was ist denn das für eine Geschichte?« hatte sie in strengem und distanziertem Ton gesagt. »Du hast eine Tochter und bist nicht verheiratet? Das darf doch nicht wahr sein! Das ist nicht unsere Art, so was.«

Jean-Yves versuchte geduldig, sie davon zu überzeugen, daß die Situation für Paare heute eine ganz andere sei als zu ihrer Zeit, daß man zusammenlebe und sich dann später entscheide. »Außerdem werde ich bald heiraten.« Eine fromme Lüge, zu der er als letztes Mittel griff.

Er war so stolz auf seine Tochter, so stolz auf seine Oma, die er zur Uroma gemacht hatte, und auf seinen Video-film. Doch Fritna, eindeutig schlecht gelaunt an jenem Tag, wollte nichts davon hören. »Ich habe andere Sorgen, nein ..., wirklich, das interessiert mich nicht. (Sie schüt-telte den Kopf.) Jean-Yves, bitte, belaste mich nicht ... das reicht ...« Jean-Yves ging mit gesenktem Kopf und schwerem Herzen. Auf diese Weise ignorierte Fortunée die Existenz von Maud-Tahfouna und später die des klei-nen Bruders, der einige Wochen vor ihrem Tod geboren wurde und nach meinem Vater Édouard genannt wurde.

»Oma« war ein wichtiger Bestandteil von Jean-Yves' Kindheit. Die Ferien in Nizza, die Ausflüge und wunder-lichen Spiele von Édouard dem Zauberer, die judeo-tune-sische Sprache, das Couscous und die Bräuche ... Tiefe Wurzeln, die meine Söhne über lange Zeit hinweg an ihre Großmutter banden, mit einer Anhänglichkeit und einer Opferbereitschaft, die sie sich selbst nicht zugetraut hatten. Oma ist krank? Jean-Yves, damals ein junger, vielbeschäf-tigter Anwalt mit wenig Geld, kam sofort vom Justiz-palast nach Hause, mit einer Tasche voller Vorräte und Leckereien für seine Großmutter. Freitags aß er regelmäßig mit ihr zu Abend, und in den letzten Jahren kaufte er Lebensmittel und Obst für sie ein, um ihr jede Anstrengung zu ersparen. Er vergaß nicht das Kartenspiel, das es ihnen – mein jüngerer Bruder Henri, genannt Nano, war auch dabei, bevor er sich beim Militär verpflichtete – erlaubte, bis spätabends leidenschaftliche Partien *schkopes* zu spielen.

Einige Jahre vor ihrem Tod verschlimmerte sich ihr Leiden – zweifache Arthrose am Knie, Prothese – dermaßen, daß meine Mutter jenes Minimum an Selbständigkeit verlor, das es alleinlebenden Personen ermöglicht, nach der täglichen Morgentoilette selbst Brot und Milch einkaufen zu gehen. Sie stürzte mehrmals und mußte immer wieder operiert werden. Krankenhaus, kurzer Aufenthalt zu Hause, Krankenhaus. Schlimmer noch war ihre Herzkrankheit. Ich habe meine Mutter nur krank erlebt. Sie sprach ständig davon. Tatsächlich hatte sich ihre Kurzatmigkeit mit dem Alter und der Ermüdung beträchtlich verschlimmert, ohne große Hoffnung auf Heilung.

In Übereinkunft mit dem Rest der Familie machte ich mich auf die Suche nach einem Altersheim. Ich wollte einen idealen Platz finden, der sie nicht zu brutal aus ihrer vertrauten Umgebung, ihren Möbeln, ihren Gewohnheiten reißen würde. Ein Ort, den es nirgends und für niemanden gab. Das luxuriöseste Hotel konnte den Schock nach solch einem unwiderruflichen Bruch nicht verhindern. Einsamkeit, Alter, Krankheit. Ein Todeskampf in sich, ein Todeskampf, der schon weit vor dem eigentlichen Tod beginnen würde.

»Was soll ich hier den ganzen Tag machen? Ohne meine Sachen ... allein, mit diesen Menschen, die ich nicht kenne ...« Während all der Jahre, die meine Mutter in komfortablen Heimen verbrachte (wir schauten uns das Pflegepersonal genau an, besuchten sie ein- oder zweimal pro Woche, telefonierten häufig mit dem zuständigen Arzt und ebenso mit ihr), hörte meine Mutter nie auf, sich zu beklagen. Sie sprach von Verlassensein, von Exil. »Warum muß ich hierbleiben?« entrüstete sie sich. »Ich habe ein Zuhause, oder etwa nicht? Mit meinen Möbeln, meinen Gewohnheiten. Ich möchte dorthin zurück. Hier habe ich nichts zu tun.«

Vergeblich sagten wir ihr, daß sie nicht mehr Treppen steigen könne – erster Stock ohne Aufzug. Daß wir nach ihrem letzten Unfall nur durch ein Wunder davon erfahren hatten. Daß man mit neunundsiebzig Jahren Hilfe benötige ... Nichts half. Meine Mutter war so verzweifelt, als sei sie in ein fremdes Universum oder zumindest in eine feindliche Ödnis versetzt worden. Das Vorzimmer des Todes zu passieren ist der Lauf der Dinge, das lebenslange familiäre Umfeld zu verlassen jedoch ist gegen die Natur.

Eine Klientin, von Beruf Gerontologin, hatte mir ein Haus in Neuilly, im Grünen, empfohlen. Der Vorteil neben dieser – wichtigen – Empfehlung war die geringe Entfernung. So könnten wir sie häufiger sehen, und ich gebe zu, daß mich das freute, sie würde an einem vornehmen Ort leben. Neuilly, so sagte ich mir, wäre zwar kostspielig, aber es würde ihr an nichts fehlen. Und diese Ärztin würde nach ihr schauen, ihre Pflege und ihre gesundheitliche Verfassung kontrollieren, bei Bedarf schnell eingreifen. Fritna wollte nichts davon hören. Sie täuschte Alpträume vor, nächtliche Besuche bedrohlicher Personen, die ihr nach dem Leben trachteten, Verschwörungen des Pflegepersonals ... Und erreichte schließlich, daß mein

Sohn Jean-Yves sie, ohne mein Wissen, abholte und in ihre Wohnung im 17. Arrondissement zurückbrachte.

Diese Geschichte verursachte eine echte Krise zwischen meinem Sohn und mir. Als ich meine Mutter eines Tages besuchen wollte, hielt er mich am Eingang der Wohnanlage fest: »Du willst sie loswerden, stimmt's?« Seine Beschuldigung war hart. »Mit aller Kraft hältst du sie hier fest.« Wie immer, wenn die Gefühle ihn überwältigten, übertrieb er die Lage dramatisch. »Sie wird völlig den Kopf verlieren, sie redet jetzt schon dummes Zeug.« Er beschuldigte mich der übelsten Gemeinheiten. »Du hast sie nie geliebt«, hatte er mir an den Kopf geworfen und war gegangen, ohne mich noch einmal anzuschauen.

Kaum war Fritna wieder in ihrer kleinen Wohnung, brach sie sich den Oberschenkel. Jetzt waren sich alle einig, daß man sie nicht alleine zu Hause wohnen lassen konnte.

Nach dem Tod meines Vaters im Dezember 1976 hatte ich, ohne lange zu zögern, eine Entscheidung gefällt, die mein Leben völlig durcheinanderzubringen drohte: Fritna zu mir zu holen. Trotz der Raumprobleme in der Wohnung und der Notwendigkeit, den Alltag aller Familienmitglieder, ob groß oder klein, neu zu organisieren, konnte ich meine Mutter, die damals siebzig Jahre alt war, nicht alleine leben lassen. Und außerdem: Wußte sie, die mehr als ein halbes Jahrhundert lang – zwei- oder dreiundfünfzig Jahre lang – alle ihre Tage und Nächte mit Édouard geteilt hatte, denn überhaupt, was es bedeutete, »alleine zu leben«? Sie, die nie auf dem Markt gewesen war, nie eine Rechnung bezahlt hatte, nie einen Auszahlungsbeleg bei der Bank oder ein Formular der Krankenkasse unterschrieben hatte? Die niemals eine Reise unternommen oder einen Film gesehen hatte, ohne daß mein Vater organisiert, ausgesucht, bezahlt hatte? Meine Mutter war materiell ganz und gar von ihm abhängig. Wie sollte diese alte Frau ohne Erfahrung die tausend kleinen Dinge regeln, die zum Überleben dazugehören?

Ich schuldete es mir selbst, sie aufzunehmen. Das war wichtiger als die Gewohnheiten, die Schwierigkeiten eines gemeinsamen Lebens, das so spät begonnen hatte. Ich würde es schon hinkriegen, ich würde mich dem stellen, es mußte sein. Mußte es sein? Bei einer genauen Betrachtung des Plans schien die Sache furchtbar einfach. Und was war normaler, als daß eine Tochter, die sich ihr Leben recht gut eingerichtet hat, mit einer selbständigen Anwaltskanzlei und einer geräumigen Wohnung, ihre verwitwete und im wahrsten Sinne des Wortes allem beraubte Mutter für deren Lebensabend bei sich aufnimmt? Ich tat ganz im klassischen Sinne meine Pflicht, aus Solidarität, aus Liebe, aus Dankbarkeit.

Tatsächlich weigerte ich mich, mir die Vielschichtigkeit dessen, was ich nach außen als »Pflicht« darstellte, einzugestehen.

Ein Geheimnis, das sehr viel mehr in sich barg, als es zunächst schien, ähnlich einem Eisberg.

Mit Fritna zusammenzusein, von morgens bis abends, beim Aufwachen, beim Abendessen, bei den sonntäglichen Ausflügen, freitagabends zu ihrem rituellen »Sabbat« – ich schwor mir, mich peinlichst genau anzupassen. Fritna, der ich meine Kleider vorführen würde, Fritna in ihrem Sessel vor dem Fernseher, in meiner Nähe. Fritna in Überdosis, um die Leere auszufüllen, um die Abwesenheit in meiner Kindheit wiedergutzumachen. Ich würde mit ihr über meine Kinder sprechen, vielleicht über das Plädoyer am nächsten Tag. Ich würde ihr von meinen Plänen erzählen, sie mir von ihrer Gesundheit. Mit Ratschlägen würde sie sicher nicht verschwenderisch umgehen, mit sich selbst beschäftigt wie sie war, es gab nichts anderes. Doch ich würde sie dazu bringen, mir von früher zu erzählen, unserer Kindheit. Und nach und nach würde sie, vielleicht, den Grund für diese Wunde bei meiner Schwester und mir erklären. Selbst wenn sie es nicht offen aussprach – sie hatte schon immer alles geleugnet –, würde Fritna im vorgerückten Alter durch mich erkennen, daß es vielleicht doch der Mühe wert war, die eigene Tochter zu lieben. Sie würde es nicht fertigbringen – oder? –, mich nicht ein bißchen zu lieben oder mir ihre Zuneigung zu zeigen, ihre Dankbarkeit, etwas, das uns einander näherbrachte. Als Erwachsene würden wir uns entscheiden. Die verlorene Zeit nachholen. Im letzten Moment nach dem rettenden Strohhalm greifen.

Also gab ich den Plan nicht auf. Im Gegenteil. Die ersten Tage nach dem Tod Édouards war ich intensiv damit beschäftigt, dieses Trugbild von der wiedergefundenen Liebe einer Mutter, des zu entdeckenden Neulandes zu erstellen, und ich hatte mich damit auf schon fast schizophrene Art eingerichtet. In Gedanken führte ich lange Dialoge, in denen meine Mutter ihre so lange zurückgehaltene Zärtlichkeit über mich ergoß und ich ihr, in einer seltsamen Regression, meine jugendlichen Hoffnungen und Ängste, Liebesbeziehungen, meine berufliche Laufbahn anvertraute.

»Nein, es ist nicht möglich … Ich will lieber alleine sein. Meine Ruhe haben.« Zuerst hörte ich diese Antwort

Fritnas, die wie ein Beil auf mich niederfuhr, gar nicht, weil ich sie nicht hören wollte. »Du hast dein eigenes Zimmer und dein eigenes Bad. Jemand wird sich um dich kümmern, Mama.« Und da sie weiterhin starrköpfig ihre Ablehnung signalisierte, versuchte ich, alles auf eine Karte zu setzen. »Eine praktizierende Jüdin, wenn du willst, die dein Essen für dich einkauft und koscher kocht, sie wird sich um dich, um alles kümmern.« »Ich danke dir, mein Kind, das ist sehr nett, daß du daran gedacht hast. Aber, nein ... Es ist nicht möglich, nein.«

Sie tat meine Vorschläge mit höflichen, ausgewogenen Sätzen ab, sie bedankte sich, sie bedauerte: alles mit ruhiger Stimme und ohne irgendwelche Gefühle zu zeigen. »Du wirst sehen, selbst Claude ist einverstanden.« Die Beziehung zu ihm, dem *roumi*, war schwierig. Wie weit würde ich gehen für das, was ich für meine letzte Chance hielt?

»Aber nein, ich will lieber allein sein ... meine Ruhe haben, bei mir zu Hause. Ich komme zurecht, nach und nach. Ich richte mich ein ... so ...« Ich verlor den Boden unter den Füßen. Ich sah mich, wie ich ihr anbot, wovon sie immer geträumt hatte – auf die Gefahr hin, dessen Ausführung ewig zu verzögern: die Beschneidung von Claude, dem Katholiken. All die Jahre hindurch hatte sie dies immer als *Conditio sine qua non* gefordert, um ihn in die Familie aufzunehmen. Noch heute wäre ihr dies ein großes Anliegen gewesen, denn sie hatte mir erklärt, daß jeder Übertritt eines »Ungläubigen« zum Judentum für den Neubekehrten eine *Mizwa* darstellt, das heißt, eine Handlung, die einem die große Gnade des Gottes Elohim näherbringt. Glücklicherweise ging ich nicht so weit, diese Untat zu begehen, ich machte keinerlei Anspielung auf diesen Streitpunkt. »Bestehe nicht darauf, mein Kind! Ich danke dir vielmals, aber nein, ich will von dieser Lösung nichts hören. Das ist nichts für mich.«

Debatte beendet. Der Traum für immer verloren.

Dieser Traum, das fehlende Stück in mir, wenn auch spät, einzusetzen, löste sich in nichts auf. Ich stammelte noch: »Mama, du kannst nicht alleine bleiben . . . Mama, es wäre sehr gut, laß es uns versuchen . . . ich bitte dich darum . . .«, worauf Fritna, die ihre Zukunft erbarmungslos ohne mich geplant hatte, antwortete: »Dein Bruder Henri wird sich um mich kümmern.« Und da sie endlich meine Bestürzung bemerkte, ohne die Gründe dafür wirklich zu verstehen – oder verstand sie sie? –, fügte sie hinzu: »Aber du und deine Kinder, ihr werdet mich besuchen kommen, das ist einfacher!«

Der Strand des Feuers

»Ihre Mutter hat eine schlimme Nacht hinter sich, sie rief die ganze Zeit nach der Schwester ...« Kaum habe ich die Tür geschlossen, beschwert sich die alte Dame, die das Zimmer mit meiner Mutter teilt. »Das stört mich, nachts schläft sie nicht, und tagsüber klingelt das Telefon!« Ich antworte kaum. Vergeblich hatte ich mich darum bemüht, daß sie in ein Einzelzimmer käme.

Fritna ist sehr blaß, das Reden fällt ihr schwer, sie spricht in abgehackten Sätzen. »Ich kann nicht atmen ... es tut weh.« Vergeblich klingle ich nach der Schwester, drei- oder viermal. Sie hat keinen Sauerstoff mehr. Auf der Suche nach einer Krankenschwester stürze ich auf dem Gang. »Nehmen Sie ihr den Sauerstoff nicht weg, Sie wissen doch, daß sie ihn braucht!« »Ihre Mutter nimmt die Maske ab. Ununterbrochen bewegt sie sich, sie verwechselt die Schläuche mit der Brille.« »Mag sein, aber Sie müssen sie überwachen«, sage ich empört. »Wir kümmern uns doch um sie ... Aber wir sind nur zu dritt bei zwölf Betten, und nachts ... Ein bißchen Verständnis sollten Sie schon haben ...«

Ich falle ihren Erklärungen ins Wort, altbekannte Erklärungen, einem Refrain gleich, die die Misere in den

Krankenhäusern schildern. »Geben Sie ihr wieder ihren Sauerstoff.« Ich helfe der Krankenschwester, meine Mutter aufzusetzen, ihre Kissen zurechtzurücken. »So ist es besser, im Sitzen atmet sie leichter«, erklärt die Schwester. Und ganz leise: »Es ist das Wasser, das sie in den Lungen hat und das sie behindert.« Eine Viertelstunde später verteilen sich rosa Flecken über Fritnas Gesicht. Ihre Züge werden wieder lebendiger. Sie streckt sich ein bißchen, atmet leichter. Sie hat Lust zu reden. Und sie beginnt zu reden, immer schneller und schneller, ohne Pause. »Ihr, meine Kinder, ihr seid alle vier gleich für mich. Meine anderen Kinder sind dort drüben gestorben. Früher starben die Kinder dort oft bei der Geburt.« Ich nehme ihre Hand, um diesen Redefluß, der mir Sorgen macht, zu bremsen. Doch schon spricht sie wieder vom Tod ihrer Kinder. »Ich habe fünf Kinder verloren. Aber eines davon ist im Meer ertrunken ... es war zwei oder drei Jahre alt, am Strand ist es uns entwischt, und wir, dein Vater und ich, haben es nicht mehr gesehen ...« Ich habe Angst, daß sie sich aufregt. »Und dann haben wir es gesehen, aber es war bereits tot.«

Kann die plötzliche Zufuhr von Sauerstoff – hat die Krankenschwester als Wiedergutmachung die Dosis erhöht? – diese Art Delirium verursachen? Warum spricht sie über André, diesen kleinen Bruder, den ich habe sterben sehen, wie er vor meinen Augen lebendig verbrannte? Er war zwei Jahre alt, und ich ein bißchen älter als vier. Warum sieht sie ihn heute ertrinken? »Du warst auch am Strand, mein Kind, du hattest eine Kasba aus Sand gebaut ... deinen kleinen Eimer ... du gingst ins Meer, um ihn zu füllen.« Sie schildert genau, wie André mir folgte, wie sie geschrien hatte: »André, André, komm zurück, komm sofort zurück!« Fritna verliert sich in ihrer Halluzination, im Meer, sie schreit sich die Lunge aus dem Hals, André kommt nicht zurück. Und ich, den Eimer in der Hand, habe André mit meinem Hin und Her dazu verführt, mir zu folgen.

Die Bettnachbarin, ganz plötzlich interessiert, läßt die Zeitschrift sinken. Sie schaut mich an. Läßt man Fritna auf der Suche nach André, der so oder so nicht mehr zurückkommt, ertrinken? Es wird mir egal. Ich bin für sein Ertrinken verantwortlich, das ist es, was in ihren Augen zählt. In den zentralen Punkten, die das Gedächtnis miteinander verknüpft, hinterläßt es manchmal wirklichere Spuren als die des erlebten Augenblicks; ich fühle mich von neuem in diese Familientragödie versetzt.

André hatte meinen kleinen Korbsessel genommen. An jenem Abend vor dem Drama hatte es ein Fest gegeben. Meine Eltern waren nicht da. Nur ein langer Spaziergang am Meer, der Luxus der Armen in den Ländern des Südens. Wir – Marcelo, mein ältester Bruder, sieben Jahre alt, André, zwei Jahre alt, und ich – nutzten die Gelegenheit, um unser Reich in Besitz zu nehmen, jene beiden Zimmer eines arabischen Hauses, das mit einer *oukala*, einer Art Gemeinschaftsinnenhof, versehen ist.

Zuerst veranstalteten Marcelo und ich Wettrennen, Verfolgungsjagden und Ringkämpfe, bis wir völlig außer Atem waren. Er gewann natürlich. Gedemütigt beschloß ich, auf das Lieblingsspiel von André auszuweichen, bei dem ich dann die Große wäre und bestimmen würde. Der Mittelpunkt des Spiels: mein kleiner Korbsessel. Édouard hatte mich an einem Markttag damit beschenkt. Voller

Wonne thronte ich darin und verbot Marcelo trotz der Schläge, die er mir verpaßte, jeglichen Gebrauch.

Bei André sah die Sache ganz anders aus. Mit Mühe und Not zog ich ihn auf meine Knie. Einer in den anderen verschlungen, fühlten wir uns gut. André kuschelte sich an mich, und ich hielt ihn fest. Zweifellos liebte ich es damals schon, mit anderen zu sprechen, denn ich hielt ihm endlose Reden. Nicht alleine auf die Gasse hinausgehen, obwohl unsere Straße so schmal war – immerhin die Énée-Straße! –, daß sich kein Auto oder Müllkarren hineinwagen konnte. Nicht in die Hose machen. Nicht den Brei ausspucken. Nicht ... In diesem Moment war ich die Mutter, und folglich hatte ich, wie meine eigene Mutter, keine phantasievollen oder poetischen Geschichten zu erzählen. Ich spielte eine Mutter, die – wie ich es bei Fritna erlebte – ein Verbot nach dem anderen erließ, die Bestrafung im Falle von Ungehorsam androhte, das Kind aber nicht zum Träumen brachte oder ihm Freude machte. Ich ahmte sie also nach, indem ich die Ermahnungen, Warnungen, Androhungen von Schlägen leise murmelnd herunterbetete.

Das zweijährige Kind hörte dem fünfjährigen Kind nicht zu, sondern ließ sich voller Wonne von meinen Lippen dicht an seinem Ohr kitzeln. Das Lachen des Kindes. Dann das Lachen des anderen Kindes. André fuhr mit dem Kopf herum, rutschte, hielt sich an der Armlehne des Sessel fest, der für uns beide zu klein war. »So, Schluß, jetzt gehen wir. Ich bringe es dir bei.« Mit der Autorität, deren mich mein älterer Bruder beraubt hatte, begann ich die Unterrichtsstunde.

Ich stellte den Sessel einige Schritte von ihm entfernt hin und rief: »Komm, komm und setz dich auf meinen großen Sessel.« Er streckte begeistert die Arme aus und schwankte vorwärts. Im gleichen Maße, wie seine unsicheren Beine ihn vorwärtstrugen, schob ich den Sessel weiter weg, aber ich spornte ihn liebevoll an: »Ja, gut, gut, weiter.« Enttäuscht blieb er einen Moment stehen – der Sessel wanderte weiter –, er ging vorwärts, wankte hin und her, rief, lispelte »Zizel, Zizel«, und dann, gewonnen! Er berührte die Armlehne des Korbsessels, klammerte sich daran fest, »gesaft, gesaft«, ich half ihm, er kletterte hinauf, er setzte sich mitten rein, wir hatten gewonnen.

An diesem Abend verfolgte mich mein Bruder Marcelo. André trippelte, ganz selbstverständlich ohne Hilfe, von einem Zimmer ins andere. Zohra, eine Nachbarin, die zwölf oder dreizehn Jahre alt war, hatte die Aufgabe, auf uns aufzupassen. Für ein paar Kleidungsstücke oder ein paar Francs kam sie von Zeit zu Zeit, um bei der Wäsche oder dem Großputz zu helfen, den meine Mutter für gewöhnlich vor den großen religiösen Festen an Ostern machte. Zohra versuchte es wohl mit Strenge und rief uns mit ihrer schwachen, hohen Stimme zu: »Hört auf, ich sage es eurer Mutter. *Ahchouma!* (Schämt euch!)« Wir scherten uns nicht darum. Wir wollten sie in unser Getobe einschließen. Um sich dem zu entziehen, verschwand sie in der Küche und kochte einen Kaffee für ihre Familie.

Ihr Bericht enthielt später alle Bewegungen, die sie an diesem Abend ausführte.

Sie nahm einen Spirituskocher, einen *primus*, sagte man, die gängigste Marke. Ein schöner goldfarbener Gegenstand, der zu beiden Seiten, in ovalen Hohlräumen, einen guten Liter Petroleum enthält. Mit einer kleinen Pumpe kann man den Docht, um den eine Art dreibeiniges Metallgestell angebracht ist, damit tränken. Zohra betätigt die Pumpe, macht das Streichholz an, setzt die große Kaffeekanne aus Aluminium auf. Eine arabische Kaffeekanne, groß und wacklig. Nicht gut proportioniert, zu hoch, zu schmal, am Holzgriff zu schwer.

Jedesmal, wenn ich den Duft von maurischem Kaffee rieche, sehe ich diese Kaffeekanne wieder vor mir, ganz real, heiß, in Reichweite meiner Hand. Ich sehe wieder, wie sie umfällt – oder male es mir vielmehr aus, denn ich habe es nicht gesehen. Das Gefäß, das kippt und die Lava seines Inhalts freigibt.

Zohra hat die Küche verlassen. André, der beim Spiel seiner älteren Geschwister nicht dabeisein kann, spielt alleine mit dem Sessel. Mühsam zieht er ihn ins Zimmer, ich sehe ihn nicht mehr, ich nehme ihn erst wahr, als er, völlig außer Atem, auf der Türschwelle zur Küche stehenbleibt. Marcelo kommt, um mir ein paar Schläge zu verpassen, ich schreie, ich schenke den Kunststücken Andrés kaum Beachtung, wie ein Pfeil schieße ich auf meinen ältesten Bruder los, um mich zu rächen. Der Sessel nimmt seinen Weg, André schiebt ihn weiter, er ist in der weißgefliesten Küche. Bis zum Ziel wollen André und der Sessel ihre gemeinsame Höchstleistung vollbringen und stoßen gegen die *dekhana*, den Zementtisch, der mit roten Steingutkacheln gefliest ist und auf dem sich die Kohlenanzünder, die Geschirrablage, die Gemüseschale befinden. André und der Sessel verschwinden aus unserem Blickfeld.

Ein Schrei, der nicht enden will. Gleichzeitig der Knall von Eisen, das auf dem Boden aufschlägt. Weinen. Ich stürze hin, gefolgt von Marcelo. Zohra kommt herbeigerannt, zweifellos aus irgendeiner Ecke des Innenhofs. André! Der Kaffee hat sich über seinen Kopf und seinen Körper verteilt. André brennt. Er hatte sich auf den Sessel, meinen, unseren Sessel, gestellt und sich dem Spirituskocher genähert. Er hatte den Griff der Kaffeekanne gestreift, die daraufhin umkippte. Die Flüssigkeit hatte sich über ihn ergossen. Dadurch war der noch immer brennende Kocher auf den Boden gefallen.

Ich weiß nicht mehr, wie diese Szene in der anschließenden Befragung geschildert wurde. Ebensowenig, was die Nachstellung, die den Ablauf des Unfalls erhellen sollte, einige Stunden später erbrachte. Ich erinnere mich nur an die Tränen Andrés. Ich hatte sein Weinen gehört, ich höre es noch, zuerst ganz schrill und dann immer schwächer, um schließlich in einer Art Schluckauf zu enden. Ich weiß nicht mehr, wer auf die Suche nach unseren Eltern gegangen ist, Nachbarn vermutlich. Was tat Zohra? Was taten wir, mein Bruder und ich, in der langen, unendlichen, kurzen, schrecklichen Zeit, die bis zur Rückkehr von Édouard und Fortunée verging? Oder die nicht verging, da sie genau in dem Moment zurückkamen? Waren sie nur an diesem Abend weggewesen? Wo aber steckten sie dann während des Fests, und wer löschte das Feuer?

Zohra weinte laut, ohne Unterlaß, ohne Pause, ohne Atem zu schöpfen, wie eine kaputte Sirene. André liegt dort, es ist seltsam, auf dem großen Familientisch, in sich zusammengesackt. Édouard umfaßt ihn mit einem Arm, mit seiner freien Hand schüttelt er wild einen Schlüsselbund: »André, André, hör mir zu, *azizi*, mein Liebling, das Wehweh hat aufgehört, es hat aufgehört . . .« Was glaubt er, was will er, mit dieser improvisierten Rassel? Édouard summt eine Melodie, zu der er mit dem Klappern der Schlüssel den Takt angibt. Will er ihn zum Tanzen bringen? André bricht zusammen, und mein Vater fährt fort, die Schlüssel über dem zusammengekrümmten Körper Walzer tanzen zu lassen.

Wie endete dieser Alptraum? Ich erinnere mich nicht, nur daran, daß mein Vater, der Zauberer, besiegt worden war. Sicher bemühte sich ein Arzt um den armen, kleinen Körper. Auch er konnte ihn nicht heilen.

Einige Tage später starb André.

Marcelo und ich waren früh am nächsten Morgen zu Verwandten gebracht worden. Als wir zurückkamen, war André verschwunden, irgendwo beerdigt. Ich erfuhr, daß wir woanders leben würden, Fortunée ertrug die Fliesen, die Mauern am Eingang nicht mehr.

Sehr schnell zogen wir um und verließen die Küste am Meer, das schon sehr früh ein Gefährte und ein Quell der Freude für mich gewesen war, um in Tunis zu leben. Eine Wohnung mitten im Zentrum, im zweiten Stock, gegenüber der Hauptpost. Wie durch ein Wunder war im Eingangsbereich eine uralte Heizung eingebaut. Meine Mutter, die jede Feuer- oder Wärmequelle aufstöberte, die nicht in ihrem Machtbereich, der Küche, lag, verlangte die Demontage besagter Heizung. Man versuchte, ihr zu erklären, daß durch den Heizkörper kein erneuter Unfall passieren könne, daß nur heißes Wasser darin zirkuliere, und daß das Ding ohnehin so gut wie gar nicht funktioniere, nichts half.

Einen Monat darauf war Fritna schwanger. Meine Schwester Gaby kam, dunkelhaarig und pünktlich, etwa zehn Monate nach Andrés Tod zur Welt. Sie war für meine Eltern das einzige Mittel gegen das Unglück.

Doch sie glaubten, den Tod in Schach zu halten, indem sie uns befahlen, darüber zu schweigen. Ein totales Schweigen. Es war verboten, davon zu sprechen. Es war verboten, egal aus welchem Anlaß, das Verbrennen von Körpern oder Seelen zu erwähnen. Es war somit verboten, sich zu erinnern. Wir mußten den Tod verleugnen, um ihn in unserem tiefsten Inneren selbst zu töten. Unerbittlich begrub vor allem Fritna ihren Sohn André, der auf etwas ungewöhnlichere Weise starb als die anderen. Er hatte weder ein Recht auf ein Begräbnis aus Worten noch auf den damit verbundenen Schmerz, noch auf ein lebendiges Andenken, meiner Meinung nach die einzige Art und Weise, den Tod schachmatt zu setzen, denjenigen, den der Tod einem genommen hat, bis ins tiefste Innerste in sich selbst weiterleben zu lassen. Dann hätte er nicht alles genommen, und die Erinnerung ist für manche sogar stärker als das Leben selbst.

Hat André überhaupt existiert? Es gibt nichts, keine Spur seines kurzen Lebens. Keine Photos, keine Kleidungsstücke, keine Gegenstände. Alles wurde nach seinem Tod von meinen Eltern weggeschafft. Ein- oder zweimal versuchte ich, das anzusprechen, und wurde zum Schweigen gebracht. »Niemals mehr diesen Namen!« Und mehr als den Namen auch nicht. André war nur noch ein entsetzlicher Irrtum der Natur, den es auszuradieren galt. Indem die Erinnerungen geknebelt wurden, beseitigte man Opfer und Unfall.

Es ist nun etwa zehn Jahre her, daß ich Fritna nach dem genauen Datum dieses Todes – nach mehr auch nicht – fragte, worauf sie mich anschrie. »Was sollen diese Fragen, glaubst du vielleicht, daß ich mich daran erinnere!« Aber sie erinnerte sich – sie sagte es in ihrem Leben zweimal –, daß »es wegen des Sessels passiert ist«. Der Sessel, mein Sessel, auf den André geklettert war, um an das Feuer zu kommen, das ihn verschlingen sollte. Der Eimer, den ich im Meer füllte und dem André folgte, bis zu der Welle, die ihn ins Wasser hinunterziehen sollte.

Ich bin schuldig. Ob nun der reale Sessel oder das Hirngespinst von dem Eimer am Strand, Fritna hat sich ihre Erinnerung so zurechtgelegt, um die andere besser unter Verschluß zu halten, die, in der sie sich vorwirft, am Abend des Dramas ausgegangen zu sein.

Des schrecklichen Todes meines kleinen Bruders für schuldig befunden, dies war das harte Urteil meiner Mutter in bezug auf mich.

Doch ich hätte auch beinahe – so wurde mir gesagt – den Tod meines Vaters verschuldet … Diese andere Geschichte wurde mir – sobald ich in dem Alter war zu verstehen – von meiner Mutter selbst ausführlich und oft erzählt, bis wenige Tage vor ihrem Tod. Zu ihrer Entlastung sei ihr Mangel an Bildung erwähnt, allerdings vermischt mit einer guten Portion Intelligenz und dem neurotischen Bestreben, ihre Familie zu beschuldigen.

Ob sie jemals den riesigen Schaden, den sie anrichtete, ermessen hat?

Ich war – so scheint es – ein schwieriges, ja unerträgliches Baby. Ich schrie Tag und Nacht, nötigte meine Mutter, meine Windel aufzuwickeln, um sicherzugehen, daß nicht eine piekende Nadel Ursache für diese Ausbrüche war, oder ich zwang sie, mir immer wieder die Brust zu geben, die ich dann voller Wut ablehnte. Es hatte damit geendet, daß meine Eltern – die keinen Schlaf mehr bekamen – sich meinetwegen ständig stritten. »Zwickst du sie denn, oder was?« fragte mein Vater verstört in einer dieser Nächte, in denen sie sich an meiner Wiege abgewechselt hatten, um mich zu beruhigen. »Mit diesem Kind wirst du verrückt!« antwortete meine Mutter.

In einer besonders anstrengenden Nacht entschieden sie, mich zwischen sich in ihr Bett zu legen, um ein bißchen zu verschnaufen. Ich schrie weiter, schlief aber schließlich im Morgengrauen ein, eingewickelt in ein Stück Laken. Und aufgepaßt, in diesem Stück Laken versteckte sich die Tatwaffe. Édouard – »mit nacktem Bauch«, so der Kommentar meiner Mutter – hatte plötzlich starke Schmerzen. Eine akute Blinddarmentzündung. In der Nacht noch der Krankenwagen. Einlieferung ins Krankenhaus. In letzter Sekunde der chirurgische Eingriff. Erfolgreich, zum Glück.

Erst viel später wiederholte meine Mutter vor mir den Bericht, den sie in dieser Nacht den Nachbarn erstattete, die mit der schrillen Sirene des Krankenwagens herbeigeeilt kamen. Aufregung im Viertel, ein Auflauf. »Diese Nacht war die Hölle mit Gisèle. Wir haben sie in unser Bett geholt. Sie hat sich ins Laken eingewickelt. Édouards Bauch war nackt«, wiederholt Fortunée. »Er wollte sich nicht bewegen, um die Kleine nicht zu wecken. So hat er sich die Blinddarmentzündung geholt. Und«, schließt sie, »er wäre uns beinahe gestorben.« Fritna schilderte mir die Reaktionen der Nachbarn, die mich geschlossen und ohne Nachsicht verurteilten. Gängige judeo-arabische Formeln machten sogar die Runde, um dieses Vorhaben, den Vater zu ermorden, das meine Geburt quasi in sich trug, auszutreiben: »Wenn sie ihren Vater töten muß, sei sie verflucht und möge verschwinden!« Eine alte arabische Verwünschung, die schonungslos besagt: »Möge sie sterben, wenn sie, indem sie geboren wird, den Kopf ihres Vaters verschlingen muß.« Indem das Kind verstoßen wird, kann der Erwachsene, der ihm das Leben geschenkt hat, weiterleben.

Ich erinnere mich, daß ich die Anekdote bereits als zwölfjähriges Mädchen in meinen Notizen erzählt habe, denen ich damals den Titel *Tagebuch einer Ungeliebten* gab (und ich wußte, daß ich an diesem Abend, als ich das Krankenhaus verließ, zu meinen Heften greifen würde, um dieselbe Frage zu stellen: »Warum liebt mich meine Mutter nicht?«).

Während ich warte, scheint sie, wie von diesem kathartischen Delirium beruhigt, zu dösen. Die Krankenschwester, die ich zu Hilfe gerufen habe, gibt ihr zwei Tabletten. »Das ist immer so bei den alten Leuten. Tag und Nacht reden sie mit sich selbst über ihr Leben, ihre Familie«, erklärt sie, indem sie einige Zeichen auf die am Fußende befestigten Blätter kritzelt. »Das leistet ihnen Gesellschaft.« An diesem Abend sage ich eine Diskussion über die Präsentation meines letzten Buches, *Une embellie perdue*, ab. Ich schließe mich in meinem Arbeitszimmer ein und schreibe dort. Etwa zehn ungeordnete Seiten. Ich höre erst auf, als ich sicher bin, das Echo von Fritnas Monolog festgehalten zu haben.

Ich habe auch aufgeschrieben, daß Fortunée (ich weiß jedes Zeichen von Zuneigung oder Trost zu schätzen), als sie mich an der Seite Andrés an diesem der Phantasie entsprungenen Strand beschrieb, mehrmals wiederholte: »Wunderhübsch, du warst ein wunderhübsches kleines

Mädchen, mit vielen Locken ... Im Viertel wurdest du ›Goldlöckchen‹ genannt ...« Sie hatte sogar, mit einigem Stolz, hinzugefügt: »Du sahst wie eine Französin aus!«

Fortunée, genannt Fritna

Wo, womit soll ich anfangen, um das zu benennen, um diese Frau zu beschreiben, die mich zur Welt gebracht hat und die es von Geburt an gleichgültig zuließ, daß ich mich zerriß zwischen dieser Liebe, die ich für sie empfand, und dieser ewigen, zerstörerischen Frage: Warum liebt sie mich nicht?

Ich werde zunächst von ihrer Schönheit sprechen. Das Leitmotiv meiner Gefühle als Kind, meiner Ängste und meiner Freuden, war, daß ihre Anwesenheit weder Liebkosung noch Zärtlichkeit bedeutete, sondern eine außergewöhnliche und strahlende Schönheit. Züge von solcher Feinheit, daß ich mich eines Tages auf ein Wörterbuch stürzte. Man hatte zu mir gesagt: »Deine Mutter gleicht wahrhaft einer Tanagrafigur.« Regelmäßige Gesichtszüge, ein perfekter Mund, eine kleine gerade Nase, schwarze Augen, in die der ganze Orient seine Zauberkraft gelegt hatte, oder auch manchmal ganz plötzlich graue, wenn sie wütend war, so grau, daß man fürchtete, sich zu schneiden, sich zu verletzen, wenn man sie direkt anblickte.

Man sah sich nach ihr um. Sie lachte auf eine ziemlich unbeholfene Art darüber, wobei sie schüchtern »es reicht, es reicht, das ist nicht ernst gemeint« wiederholte. Doch durch dieses Lachen strahlte sie und wirkte noch schöner.

Wenn sie sich aufrichtete, groß und mächtig, und mit immer gleichen, schwerfälligen, gleichgültigen, regelmäßigen Schritten daherging – woher hatte sie bloß diese Ausstrahlung, in jeder Geste und jedem Blick –, dann meinte ich, die Königin des Universums vor mir zu sehen. Als kleines Mädchen stellte ich sie mir mit einer goldenen Krone vor, und auf meinen Kinderkritzeleien zeichnete ich sie auch so.

Es war Fritnas Schönheit, ich habe es bereits erwähnt, derentwegen um sie geworben wurde. Mit sechzehn Jahren verheiratet. Mit siebzehn Mutter eines Sohnes. Mit neunzehn brachte sie eine Tochter zur Welt. Mich. Eine Geburt, die als Katastrophe erlebt wurde.

Durch die Schwangerschaften wurde sie dicker, was ganz normal ist. Dennoch behielt die Haut ihr samtiges Aussehen, die Augen ihren dunklen Glanz, die kleinen Zähne ihre perfekte Stellung, das Lächeln seine jugendliche Vollkommenheit.

Was mich schon sehr früh befremdete, war, daß meine Mutter nicht glücklich war. Warum? Ich verstand es noch nicht. Aber sie sagte und wiederholte, daß sie kein Glück gehabt hatte, als sie Édouard heiratete. Daß sie im übrigen unter ihrem Stand geheiratet hatte, sie, Nachfahrin der spanischen Diaspora, verheiratet mit einem »Beduinen, einem Berber: Seine Vorfahren lebten im Zelt . . .«. Worte, die mich verwirrten, mich, für die Édouard der Zauberer der zärtlichste und phantasievollste Vater war, den man sich vorstellen konnte. Und der würdevollste. Ich hörte wohl, wie er Fritna manchmal bei ihren zahllosen Streite-

reien »Fanatikerin!« oder »Hysterisches Weib!« an den Kopf
warf, doch trotz des Wörterbuchs behielten diese Wörter für mich einen rätselhaften Sinn, und vor allem verstand ich ihren Gebrauch nicht. Im Laufe der Jahre – in
denen meine Mutter unermüdlich »Gott hat dies gesagt«,
»Gott wird entscheiden« oder »küßt die *Mesusa* jeden Tag«
wiederholte und in denen sie nichtkoscheres Essen im
Haus, Elektrizität am Samstag, Brot an Ostern etc. verbot
– wurde »Fanatikerin« zu einem Wort, das viele Wirklich-
keiten enthielt. Ich will damit sagen, daß ich zwischen den
aufgezwungenen religiösen Dogmen und dem Fanatismus eine Verbindung knüpfte. Wenn meine Mutter auch
im strengen Sinn nicht des Fanatismus verdächtigt werden konnte. Sie wußte in der Tat nichts über religiöse
Theorien und die Geschichte des Judentums, sie konnte
Hebräisch weder lesen noch verstehen, und ihre religiösen
Praktiken waren mehr eine Mischung aus Traditionen
und Aberglaube, als daß sie die in der Thora aufgeführten
Gebote befolgten.

Tatsächlich fand Édouard sich wütend damit ab. Ihm,
dem Ungläubigen, dem Judeoberber, der den Bann als Los
ertrug – er liebte Schinken und machte aus dem Sabbat
einen ganz normalen Tag, abgesehen von dem Gebet am
Freitagabend, zu dem ihn meine Mutter zwang und das er
auswendig auf hebräisch herunterstotterte –, ihm erlegte
Fritna eiserne Riten auf. »Fanatikerin«, ein Schrei der
Revolte, Ausdruck eines Libertins, mit seiner Geduld am
Ende zu sein. Was das »hysterische Weib« betraf, so kannte
weder mein Vater noch meine Mutter die genaue Bedeutung. Fritna als hysterisch zu beschimpfen bedeutete
für Édouard, ihr deutlich zu machen, daß er ihre Launen-
haftigkeit und vor allem ihre schlimmste Waffe ablehnte:

ihre Stummheit, das unerbittliche Schweigen. Wenn meine Mutter beschloß: »Ich werde nicht mehr mit dir sprechen«, oder »Ich verbiete dir, mit mir zu sprechen«, dann wußte jeder, daß er in eine beziehungsmäßig finstere Ära eintrat, gleich einem Tunnel ohne Ausgang. Jeder, ob es nun Édouard, meine Schwester Gaby oder ich selbst war.

Um sich so zu erleben, wie sie sich selbst sah – als Opfer, aber tugendhaft –, tat sie in diesen Zeiten der Unterdrückung weiter so, als ob nichts sei, sie weckte uns für die Schule, alle vier, um 7 Uhr, indem sie uns sanft schüttelte, und überwachte uns bei der hastigen Morgentoilette, wenn wir einer nach dem anderen in die Küche gingen, um uns mit dem kalten Wasser an der Spüle zu waschen. Sie machte unseren Milchkaffee, toastete Brot und bestrich es mit Olivenöl. Ohne ein Wort, ohne einen Blick, wenn wir das Haus verließen. Wir überstanden die Quarantänezeit durch eine Art Schichtwechsel. Wurde mein Vater bestraft, beauftragte sie einen von uns, ihm etwas zu übermitteln. Durch ihre Kinder hatte Fritna immer jemanden an der Hand, den sie zu ihrem Sprachrohr machte, um mit jenen zu sprechen, mit denen sie »kein Wort mehr wechseln würde«.

Auf diese Weise mündeten diese Perioden des Abbruchs aller Beziehungen manchmal in possenhaften Situationen. Das Zusammenleben auf engstem Raum – wir vier Kinder teilten uns ein Zimmer, gegessen wurde gemeinsam im Eingangsbereich, der Eßzimmer getauft wurde – führte dazu, daß die Worte meiner Mutter und die ihres Sprachrohrs beinahe gleichzeitig erklangen. Die Sätze und ihr Echo überlagerten sich, und wir schauten uns an, wobei wir zwischen einem unterdrückten unbändigen Lachen und einer finsteren Miene schwankten.

War Édouard wirklich so wankelmütig, wie meine Mutter behauptete? Ich war noch sehr jung – sechzehn oder siebzehn –, als sie mir von ihrem Unglück erzählte. Ihr Mann habe mehrere Abenteuer gehabt, oder hatte sie vielleicht noch. Nachdem ich über alles reiflich und in Ruhe nachgedacht habe, glaube ich, daß diese Dummheiten selten waren – eine oder zwei in fünfzig Jahren! – und, vor allem, kurz und ohne Folgen. »Ich bin zu einem Anwalt gegangen, um die Scheidung einzureichen.« (Tatsächlich zum Arbeitgeber meines Vaters.) »Er hat mir davon abgeraten. Meine Eltern fürchteten die Sünde, den Skandal.« (Fritna rückte näher an mich heran.) »Und dann, du und Marcelo, ihr wart klein. Euch zuliebe bin ich geblieben.« (Seufzen, Gesicht verziehen.) »Du siehst, meine Tochter, wieviel ich für euch, meine Kinder, erlitten habe . . .« Seltsamerweise mochte ich sie in diesen Momenten lieber als in jenen, in denen sie sich mit ihrem Leben abzufinden schien. Sie beklagte sich, sie sprach mit mir, vor allem mit leiser Stimme, sie kam nahe an mich heran. Sicher, sie ging nicht so weit, meine Hand zu nehmen oder mich zu umarmen, doch ich spürte sie, meine Mutter, so nah, wie sie mir sein konnte, selbst wenn meine Existenz, einmal mehr, der Grund für ihr Unglück war.

Fritna und Édouard

Meine Mutter erlebte sich nur als Opfer. Opfer der religiösen Pflichten, Opfer der ehelichen Moral, Opfer der mütterlichen Selbstverleugnung. Folglich lernte ich sehr früh eine grundsätzlich und zu allen Zeiten gültige Regel: Die nächsten Familienmitglieder, was auch immer sie sagen oder tun, sind zwangsläufig schuldig. In jeder Hinsicht schuldig, schuldig, weil sie in der Welt des Opfers existieren.

Meine Großmutter väterlicherseits, *Omi Zeïza*, von der ich meinen ersten Vornamen habe, schuldig. Normal, werden Sie sagen, sie ist ja die Schwiegermutter. Das Schicksal hatte sie schon in jüngsten Jahren mit völliger Taubheit bedacht. Daher ihre fast gänzliche Abwesenheit bei großen Streitereien, Konflikten, die unseren Familienclan ständig in Aufregung versetzten. Omi Zeïza hatte in unserer Kindheit für etwas Heiterkeit gesorgt, indem wir Verwechslungen, Täuschungen und Neckereien provozierten. Die Sippschaft unserer Cousins und Cousinen kannte weder Respekt noch Barmherzigkeit, ebensowenig wie wir. Doch unsere unerschütterliche Großmutter ärgerte sich nie. Im Gegenteil, sie fand Gefallen daran, die Streiche zu erzählen, deren Zielscheibe ihre Taubheit gewesen war. Und wir lachten alle bereitwillig, groß und klein, mit derselben Grausamkeit.

Während der sechs Monate, die die deutsche Besetzung Tunesiens dauerte – von November 1942 bis Mai 1943 –, belegten die fliegenden amerikanischen Festungen Tunis fast jede Nacht mit Trommelfeuer. Sicher waren militärische Ziele anvisiert – wie die rollenden Flugzeugabwehrkanonen in den Straßen –, doch die Stadt selbst zahlte ihren Tribut. Eine meiner Cousinen verschwand mit Mann, Kindern und Schwiegereltern unter ihrem Haus, von einer großkalibrigen Bombe in Schutt und Asche gelegt. Im Stadtzentrum selbst war mein Mädchengymnasium – das Lycée Armand-Fallières – zerstört worden, ebenso wie viele Wohnhäuser, sogar weit vom Hafen entfernte, doch der Hafen war mit der Stadt verflochten.

Wir waren daher daran gewöhnt, mit Decken, Klappstühlen, Kissen beladen, abends in die Keller – von denen nur wenige wirklich Schutz boten – hinabzusteigen, um dort die Nacht zu verbringen. Und in der Tat heulten die Sirenen drei-, vier- und sogar fünfmal in einer Nacht. Bei jedem Alarm mit kleinen Kindern und alten Menschen umzuziehen dauerte lange und war gefährlich in Anbetracht der Schnelligkeit, mit der die Bomberverbände über unseren Köpfen auftauchten.

Meine Großmutter lebte durch ihre Taubheit in einem anderen Universum. Wenn wir sie mit in den Keller nahmen, hörte sie nicht auf, nach dem Grund zu fragen, sich zu beklagen, zu protestieren, da sie die Sirenen nicht gehört hatte, und beharrte trotz Sperrstunde darauf, das Treppenlicht anzumachen. Woraufhin die Nachbarn in Wut gerieten, sogar mit Schlägen, mit Totschlag drohten, so groß war die Panik in jenen Nächten. Das unaufhörliche Brummen der Fliegerstaffeln in der Nacht terrorisierte die Menschen, machte sie verrückt.

Da ich die ganze Zeit davon überzeugt war, daß wir Glück haben und von dem Bombenhagel verschont bleiben würden, weigerte ich mich schon bald, in den Keller zu gehen. Zumal nachdem die Familie auf höchster Ebene, mein Vater, meine Mutter, entschieden hatte, Omi Zeïza oben weiterschlafen zu lassen. Ich hatte keine Lust auf eine anstrengende Nacht. Dicht zusammengedrängt, einer auf dem anderen, schliefen wir praktisch nicht. Wir fanden uns damit ab, uns in dieser Enge ohne Hygiene oder Sicherheit Läuse und die Krätze zu holen. Ich hatte keine Lust, meine Großmutter länger allein zu lassen. Folglich schliefen wir beide in der Wohnung im zweiten Stock, ob die Nacht nun ruhig war oder von Alarmsirenen unterbrochen wurde.

Meine Freude waren morgens die Gespräche mit meiner Großmutter. »Hast du gehört, gestern, was für eine fürchterliche Nacht?« »Hör mir damit auf«, sagte Omi Zeïza. »Überall sind sie runtergefallen, ich habe die ganze Nacht kein Auge zugemacht.« Es war der Morgen nach einer wunderbar ruhigen Nacht. Und ich spielte das gleiche Spiel nach einer unruhigen Nacht. »Endlich, Omi Zeïza, diese Amerikaner haben uns schlafen lassen, nicht ein Mal Alarm!« »Gott sei gedankt, meine Enkeltochter, auf daß alle unsere Nächte dieser gleichen mögen!«

Ich liebte meine Großmutter, wenn sie auch oft Gegenstand meiner Späße war. Denn in ihr fand ich die fast kindliche Kreativität meines Vaters wieder, seine Fröhlichkeit, sein Bestreben, jedes Ereignis, ob glücklich oder unglücklich, mit einem entschiedenen *Mektoub!* (»so steht es geschrieben«) zu begrüßen. »Oberflächliche Person, Egoistin«, sagte meine Mutter. Und aus zweifellos weit zurückliegenden Gründen, die ich jedoch nicht herausfinden konnte, erklärte sie sie zu ihrer Feindin. Zu einer, die »meinen Vater gegen sie, seine Frau, aufbrachte«. Somit schuldig.

Die jüngste Tochter von Omi Zeïza war Édouards Lieblingsschwester, Tante Marcelle. Sie konnte nur dank der Mitgift heiraten, die mein Vater mühsam zusammensparte, zusätzlich zu dem »eingerichteten Haus«, also einer komplett möblierten Wohnung inklusive Laken, Geschirr, jeglichem Zubehör. Der übliche Ausdruck dafür war »ein bis zum letzten Kaffeelöffel eingerichtetes Haus«. Hübsch oder nicht – sie war eher hübsch –, sie konnte die Regel nicht umgehen, dafür zu bezahlen, den beneidenswerten Status einer verheirateten Frau zu erreichen.

Nach einem Wortgefecht zwischen meiner Mutter und ihr – über ihre Aussteuer als zukünftige Ehefrau, glaube ich, die mein Vater bezahlte, womit meine Mutter sich nur schwer abfinden konnte –, wurde sie aus der Familie verbannt. Fritna beschloß den totalen Abbruch der Beziehung, »sie setzt keinen Fuß mehr in mein Haus«, und verbot uns jeglichen Kontakt mit unserer Tante. Mein Vater, der Heuchler, der den häuslichen Frieden wahren wollte, doch für seine Schwester echte Zuneigung empfand, tat, als würde er sich dem fügen, sah sie aber weiterhin heimlich. »Wie stellst du es an, die Schlange zu sehen, ohne daß Mama etwas davon erfährt?« »Die Schlange!« Édouard sprang auf. »Wie kannst du es wagen, so von deiner Tante zu sprechen?« »Mama will nicht, daß wir sie anders nennen.«

Fritna ließ sich nicht davon abbringen. Es war verboten, »Tante Marcelle« zu sagen, wenn man es mit dieser giftigen Schlange zu tun hatte.

Schon sehr früh wurde »die Schlange« in meiner Phantasie das Symbol für Ungerechtigkeit und Verfolgung. Meine Tante – ich erinnere mich, daß ich mit zehn oder elf Jahren bei ihr auf dem Land war, an der frischen Luft, wo sie mich nach einer Tuberkulose gesund pflegte – war nicht das lebensgefährliche Tier, wie meine Mutter behauptete.

Was Édouard betraf, war sein Schicksal als Schuldiger, glaube ich, mit dem ersten Tag der Ehe besiegelt. Er warf Fritna ihre »fanatische« Ausübung der Religion und ihre diesbezüglichen Anordnungen vor. »Er wußte sehr wohl, daß ich die Tochter eines Rabbiners bin«, erklärte sie, »doch er dachte, daß ich nachgeben würde ...« Fügen Sie dem noch seine Affären, ob nun real oder nur unterstellt, und seine Wutanfälle hinzu, und Sie werden verstehen, daß meine Mutter ihn zum Hauptverantwortlichen, außer Konkurrenz, für ihr Opferdasein machte.

Und schließlich ich. Hat sie mir denselben Status zugeteilt, hat sie mich von Kindesbeinen an in einer grundlegenden Schuldhaftigkeit eingesperrt, weil sie mich nicht liebte? Oder war es nur, daß ich in ihrem Universum die Uniform der Schuldigen, die sie umgaben, tragen sollte? Tatsache ist, daß sie ihr ganzes Leben lang, bis zum letzten Atemzug, ihren beiden Söhnen – aber vor allem Nano-Henri, dem Jüngeren, der besonders an ihr hing – unerschütterlich Freispruch erteilte.

Sie ging immer dazwischen, wenn bei einem heftigen Streit mein Vater, rasend vor Wut und mit einer Reitpeitsche bewaffnet, meinen älteren Bruder züchtigte, den Faulpelz in der Familie, doch für sie der Bewahrer der Ehre, des Namens, der Karriere. Im Gegensatz dazu drohte sie uns, meiner Schwester und mir, mit Édouards Schlägen, wenn wir verrückt gespielt hatten. »Ihr werdet schon sehen, wenn er nach Hause kommt...« Er kam nach Hause, er hörte Fritnas übertriebenen Bericht, er murrte oder kanzelte uns ab oder tat so, als würde er sich ärgern. Aber er schlug uns nicht. Eine Stunde später verzauberte er uns mit seinen schillernden Erzählungen.

Ich liebte Fritna, und als ich älter wurde, wollte ich sie verteidigen. Sie anderen wie mir selbst erklären. Ihre Abneigung hatte mich aus dem Gleichgewicht gebracht, sozusagen entwurzelt. Brutal eines Bezugspunktes beraubt, den meine Gefühlswelt und mein Verstand weiterhin einforderten. Und bis zu ihrem Tod wollte ich wissen, warum. Als ob es für das Nicht-Lieben irgendeine rationale Erklärung gäbe.

Mein Studium und meine Bücher gaben mir nach und nach einige Schlüssel, um ihre Abwehr in Ansätzen zu durchschauen.

Die geringe Bildung, die Religion in ihrer entfremdetsten Form (»Es gibt nichts zu verstehen. Wenn du zweifelst, macht Gott dich zu einem Haufen Asche«), eine strenge Erziehung, aus der jegliches Wissen über zwischenmenschliche Beziehungen, jegliche Anspielung auf Sexualität, jegliches Lehren von gewählter und übernommener Verantwortung verbannt war. »Mit sechzehn Jahren wurde ich verheiratet«, sagte sie an ihren schlechten Tagen, während sie an den guten zugab, den verliebten Avancen Édouards nachgegeben zu haben.

Ich glaube indessen, daß sie ihn liebte. Und daß sie ihn körperlich liebte.

Ich erinnere mich an eine besondere Nacht, so besonders, daß ich sie in meinen Notizbüchern verschlüsselt aufschrieb.

Ich war wohl etwa zwölf Jahre alt. In jenem Sommer hatten meine Eltern für die Ferien eine Wohnung in La Goulette gemietet, einer Vorstadt östlich von Tunis, direkt am Meer. Zwei kleine Schlafzimmer, ein Eingangsbereich, eine Küche. Was Édouard nicht davon abhielt, pompös anzukündigen: »Wir machen Sommerferien!« Da das Kinderzimmer für uns vier zu eng war, ließen meine Eltern für mich ein kleines Bett in ihr Schlafzimmer stellen. Meine Brüder und meine Schwester teilten sich das zweite Zimmer.

In einer Nacht, es war völlig still, versuchte ich, wach zu bleiben, um mir noch eine Geschichte zu Ende zu erzählen. Ich würde sie am nächsten Morgen meinen kleinen Freunden am Strand erzählen. Ich feilte mir in meinem Kopf also einige Einzelheiten zurecht, die möglichst spannend klingen sollten. Bis ich nicht mehr einschlafen konnte. Als ich mich in der Dunkelheit umdrehte – nur vereinzelt fielen Strahlen vom Straßenlicht durch die Jalousie –, hörte ich ein kurzes Flüstern, ein Quietschen des Federrahmens und das leise Geräusch eines Kissens, das ans Bettende geworfen wurde. Ich schlug die Augen auf. Eine seltsame Vorstellung. Meine Mutter in Froschhaltung, mit gespreizten Schenkeln. Mein Vater, zwischen eben diesen Schenkeln, bewegte sich in einem Hin und Her von oben nach unten. Die Stimme meines Vaters rauh. Die meiner Mutter ein Klagen. Und dann löste sich mein Vater plötzlich und sank zurück. Meine Mutter stand auf, wobei sie äußerst vorsichtig durchs dunkle Zimmer tapste. Ich hörte, wie sie zur Toilette ging, das Wasser lief, sie kam zurück, und beide schliefen sofort ein.

Am nächsten Morgen betrachtete ich meine Mutter verstohlen, während sie für unser Frühstück das mit Olivenöl getränkte und getoastete Brot mit einer Knoblauchzehe einrieb. Ruhig verkündete sie: »Heute wird es heiß, mindestens 40°.« Dann machte sie sich an den Haushalt, die Betten, die Küche. Ich half, indem ich eimerweise Wasser über den Fliesenboden goß. Ich hatte mir eine bestimmte Technik angeeignet, um den Boden schnell zu wischen, mit einem dicken Jutestoff, nur ein kleines Stück, nicht zuviel … Es ging nicht nur um das Saubermachen, sondern vor allem um die Abkühlung. Der mit Wasser getränkte Boden mußte möglichst viel Feuchtigkeit aufnehmen vor der drückenden Hitze, die von diesigem Dunst angekündigt wurde. Gleich danach schloß ich die Fensterläden, um die erreichte Abkühlung zu erhalten. Genau in diesem Moment überraschte ich meine Mutter, wie sie sang. Oder hatte ich schlecht gehört? Dieses Ereignis – äußerst selten – bremste meinen Elan. Ich schwenkte meinen dritten Wassereimer und näherte mich ihr, nahe der Spüle, unter dem Vorwand, meinen Lappen auszuwringen.

»Ne partez pas déjà, ne quittez pas mes bras.« (Geht noch nicht, verlaßt meine Arme nicht.) Rina Ketty, diese Sängerin, die erst vor kurzem nach Tunesien gekommen war, hatte einen ungeheuren Erfolg. Wir hörten auf dem Radiosender TFS alle ihre Schlager, und ich konnte sogar einige davon singen: »On m'a surnommée la Madone« (Man nennt mich die Madonna); »Tout s'efface lorsque tu m'enlaces« (Alles wird unwichtig, wenn du mich in die Arme schließt). Ich imitierte sie, indem ich das »r« und die Augen rollte, wie es sich gehörte. Ich hatte schon immer singen wollen.

Natürlich nicht wie eine Sopranistin in der Oper, dafür hatte ich überhaupt keine Begabung – und das machte mich ziemlich traurig –, sondern wie Rina Ketty oder Jacqueline François, die sehnsuchtsvoll hauchte: »*Éteins la lampe, écoute-moi . . . Et surtout ne dis pas un mot, ce soir c'est la dernière fois que nous chantons notre duo.*« (Mach die Lampe aus, hör mir zu . . . Und sag vor allem kein Wort, wir singen unser Duo heute abend zum letztenmal.) Oder wie diese Édith Piaf, von der man damals gerade zu sprechen begann . . .

In meiner tunesischen Jugendzeit – vielleicht mit fünfzehn – hatte ich sogar zusammen mit meiner Schwester Gaby im Duo an einem Wettbewerb im Radio teilgenommen. Wir hatten einen gewissen Erfolg gehabt, denn wir waren zumindest nicht gleich nach den ersten Noten ausgeblendet worden. Wir waren schrecklich stolz, auf englisch gesungen zu haben und uns das vor allem getraut zu haben, ohne jemanden um Erlaubnis zu fragen.

An jenem Morgen also sang meine Mutter. Sie lächelte mir zu, ein bißchen verlegen, als sie mich neben sich entdeckte, und versuchte abzulenken: »Bist du mit dem Wasser fertig?« Und da ich mit einer Geste verneinte, fügte sie hinzu: »Das macht nichts, wir haben Zeit.«

Später, als ich vom Meer zurückkam, wo ich geschwommen war, bis ich völlig außer Atem war, die Haare voller Salz und die Nase rot und sich pellend, war Édouard gerade nach Hause gekommen. Ich hörte, wie er über die tropische Hitze in Tunis klagte und erklärte, daß er einen »Haufen« Seebarben für ein paar Franc mitgenommen habe, weil der Markt zu Ende war und das, was nicht verkauft worden war, in den Müll komme. Fortunée bedauerte ihn wegen der Hitze, lobte ihn für den Fisch. Ein normales Gespräch, aber so heiter, daß Marcelo, mein älterer

Bruder, mir ein zufriedenes »heute läuft's wie geschmiert!«
zurief. Er würde abends zweifellos keine Schläge kommen.

Meine Mutter schien selbstsicherer und klärte, da im
Moment das Kräftegleichgewicht zu ihrem Ehemann aus-
geglichener schien, verschiedene dringliche Fragen: eine
kleine »Araberin« als Hilfe zu nehmen, um die Matratzen
zu öffnen, im Meer die Wollstoffe zu waschen, mit denen
sie bezogen waren, sie zu bürsten und um unser Bettzeug
nach dem Trocknen in der Sonne wieder zusammenzu-
nähen, das Ganze, notgedrungen, an einem Tag, damit wir
abends wieder unsere Betten hatten. Dann mußte sie auch
ihre Mutter in einem Vorort von Tunis besuchen und ihr
die kleine monatliche Unterstützung von Édouard geben
und für sich selbst eine leichte Schürze kaufen, in der
sie bei der Arbeit nicht schwitzen würde. Mein Gott,
wie anmutig sie war, als sie diese Schürze beschrieb!
»Schau, Édouard, täusche dich nicht, sie muß weit sein
hier, unter den Armen, ganz ohne Ärmel.« Sie beschrieb
ein großes Quadrat über ihrer Brust. »Ausgeschnitten, vor
allem ausgeschnitten, offen, Édouard, dieser August ver-
brennt uns.«

Ihre Gesten waren die der Verführung, der Provokation
fast. In ihren Augen lag eine Aufforderung, ein Verlangen.
Es war die Sprache der Liebe, die unausgesprochen bleibt.
Die westlichen Ausdrücke »mein Schatz, mein Liebling«
waren, selbst in ihren arabischen Entsprechungen, aus
Gründen der Unanständigkeit tabu.

Daher verwandelte sich die Jugendliche, kaum den Kin-
derschuhen entwachsen, im entsprechenden Moment in
eine leidenschaftliche und sogar ein bißchen hurenhafte
Frau. Die Jungfrau, die der Mann wegen ihrer Reinheit
und Unschuld (mit Garantie) geheiratet hatte, wurde eine

gute Partnerin in der Liebe. Doch wenn das Liebesspiel einmal beendet ist, ist sie dazu gezwungen, so hatte ich einige Jahre später festgestellt, ihre Sinne vollkommen ruhigzustellen. Fast eine Art Betäubung. Um absolut kein Wagnis mit dem Fremden einzugehen. Man stelle sich den Skandal vor, *l'ahchouma*! Schon allein der Gedanke ist unvorstellbar.

Manchmal, und das war heute der Fall, legte sich die innere Unruhe nicht. Fritna war nicht automatisch in die Haut der gelassenen Familienmutter zurückgekehrt. Diese Frauen aus einer anderen Zeit glichen Chamäleons: Hausfrauen, tagsüber unempfindlich gegen das Verlangen, nachts sinnlich und verliebt. Ideale Ehefrauen des orientalischen Mannes, erzogen gemäß dem Unausgesprochenen der Religion und Tradition.

Die Abhängigkeit der Frau war nicht weniger die Regel.

Fortunée zum Beispiel ging niemals selbst einkaufen. Weder die täglichen Einkäufe für die ganze Familie noch Kleidung, Gebrauchsgegenstände oder sonstige Dinge. Édouard, und so war es Sitte, erledigte alles. Der kau-'fende Mann verschafft sich den Respekt des verkaufenden Mannes. Man stelle sich vor, die Frau käme daher und handle, unterhalte sich, ja mache vielleicht Späße. Die *tsara* (schlechte Vertraulichkeit) bräche herein, und man müßte das Schlimmste befürchten. Dieser tunesische Ausdruck scheint den Wegfall von Schranken, von Konventionen, des nötigen Respekts anzuzeigen. Nur die »Französinnen« gingen das Risiko ein, indem sie selbst auf den Markt gingen und andere Einkäufe erledigten. Doch das, so wiederholte Édouard, ist kein Wunder, sie sind alle in unterschiedlichem Maße *khabas*, Nutten. Diese Autonomie, ja sogar Unabhängigkeit, die einige von ihnen an den

Tag legten, konnte zu einer Tragödie führen: liederliche Sitten, Bettgeschichten.

Diese Entscheidungen zwischen meinen Eltern erforderten jedesmal Diskussionen, heftige Wortgefechte, sie wurden lauter, Édouard widersetzte sich, manchmal aus Prinzip, erinnerte daran, daß er das Familienoberhaupt und, vor allem, derjenige war, der zahlte. Meine Mutter ärgerte sich, drohte, schmollte, und dennoch geschah alles so, wie sie es wollte, aber langsamer, mühsamer, gemäß dem unabänderlichen Drehbuch der Auseinandersetzung.

An jenem Tag triumphierte meine Mutter mit ungewöhnlicher Leichtigkeit. Damit ermaß ich die besondere »Mikromacht« dieser Frauen, die von ihrem Mann abhängig sind, ohne die kleinste finanzielle Autonomie, ohne jegliche Bildung, aber voller Lebensweisheit. Sie haben von innen heraus eine Klugheit, eine Strategie der Schwachen entwickelt und benutzen die biblischen Waffen der Verführung, während sie gleichzeitig so tun, als würden sie das Spiel des Mannes nicht kennen. Und sie machen ihn niemals zum Besiegten. Ein Ehemann, der nachgibt, zeigt, daß er die Macht dazu hat. Und daß die Männlichkeit auch gebietet, in das Gewand des verführten Mannes zu schlüpfen, und nicht nur in das des Verführers. Seit Adam und Eva immer dasselbe alte Spiel. Eine gute Wette, mit der man zeigen kann, daß die »Schwäche« des Mannes nur einen Moment währt, während die teuflische Verantwortung der Frau ewig und wesenhaft ist. Wenn ich meine Mutter beobachtete, war ich immer wieder überrascht von der Macht ihrer Machtlosigkeit.

Unter schwierigsten Umständen kippte Fritna ein Kräfteverhältnis zu ihren Gunsten um, das man für unabänderlich hielt. Wie packte sie das an, wie packen das noch heute alle Frauen an, die wirtschaftlich und sozial von ihrem Mann abhängig sind? Die Strategie drängt eine erste Feststellung auf: Seit undenklichen Zeiten ist der Sieg auf freiem Feld unmöglich. Folglich gilt es, seine Chancen in einem Kompromiß abzuwägen, der die Stärke des Feindes mit der Zeit verwässert und sie auf die verschiedenen Stellen verteilt, die einfacher zu erobern sind. Nichts ablehnen, nichts entscheiden, nichts zurückweisen. Sondern lächeln: »Vielleicht hast du recht, aber ...« »Für mich wäre es in Ordnung, aber denk doch an das letzte Mal, als ...« Sich langsam annähern. Eine kürzliche gemeinsame Unternehmung erwähnen, doch dem Mann das ganze Verdienst dabei zugestehen: »Du warst wundervoll.« Und wenn er trotzdem daran erinnert, daß es ihre Idee, ihre Initiative gewesen war, möglichst bescheiden tun und mit einem »Ja, aber ohne dich wäre meine Idee ...« antworten. Möglichst begleitet von einem Gesichtsausdruck, in dem die eigene Ohnmacht zu lesen ist.

Gewiß, meine Mutter bediente sich plumperer Mittel, ohne jede Raffinesse. Obwohl sie intelligent war, verstand sie es nicht, nach einer Taktik in der Art »Machiavelli für Ehepaare« vorzugehen, das war zu hoch für sie. Sie gebrauchte Tricks, doch ohne sich wirklich um perfekte Schachzüge zu bemühen. Ein ausgefeilter, auf etwas hinarbeitender Dialog war nicht ihre Sache, aber wie alle abhängigen Wesen hatte sie sehr wohl ein bißchen von dieser Niedertracht, dank der sie, ohne Armee, die Schlachten gewann. Man spürte, daß sie jederzeit bereit war, auf ihre Art zu strafen, wenn sie nicht erreichte, was sie wollte.

So führte Fortunée ihr Leben mit Édouard, und er das seine mit Fortunée.

Absurdität oder Mysterium

Heute ist Kamoun (Serge) vor mir da. Ich finde ihn am Kopfende des Bettes meiner Mutter, er spricht laut, fast zu laut in diesem Krankenhauszimmer. Ich kenne ihn gut, das ist gleichzeitig seine Abwehr und seine Scham. Auf keinen Fall Gefühle zeigen.

»Hast du gut gegessen?... Ist es schön hier?... Wie viele Sterne hat dieses Restaurant denn im Michelin-Führer?...« Bei seiner Großmutter versucht er es oft mit Humor, ohne großen Erfolg. Fritna stellt ein paar belanglose Fragen oder deutet, sehr viel seltener, ein Lächeln an.

Einige Jahre nach Édouards Tod und zum Zeitpunkt des ersten chirurgischen Eingriffs bei Fortunée – Kamoun unterrichtete damals an der Berkley-Universität in Kalifornien – schrieben die beiden sich regelmäßig, oder er rief an, was bei den anderen Familienmitgliedern nicht gerade seine Gewohnheit war. In einem dieser Briefe schrieb er ihr: »Oma, du solltest dir einen Liebhaber nehmen. Du würdest sehen, es ginge dir bestimmt besser!« Sicher ein gutgemeinter Ratschlag für eine jüngere Frau – meine Mutter war damals zwei- oder dreiundsiebzig Jahre alt –, aber vor allem für eine offenere Frau. Ein Scherz also. Ein kleiner Spaß, eine provozierende Nichtigkeit, ein fernes

Lächeln, das ein Enkelsohn einer Großmutter, die er liebte, über den Atlantik schickte. Als meine Mutter mir den Brief zu lesen gab, entrüstete sie sich: »Machst du dir das klar, Serge ist verrückt, *ahchouma*, was für eine Schande, an solche Dinge zu denken! Und sie auch noch zu schreiben!« Sie war von der Erwähnung derartiger Schreckensvorstellungen wirklich entsetzt. Und absolut unfähig, diesen aus den USA kommenden, sehr französischen »joke« zu würdigen.

»Wen wählst du, Oma?« Wir waren schon im Präsidentschaftswahlkampf. »Wieder Chirac?« Kamoun hat eine Vorliebe für diese Art von Ablenkung. Er weigert sich sogar regelrecht, den Mutmacher zu spielen, etwa: »Es geht dir besser ... du siehst viel besser aus als gestern ... der Arzt sagt (auch wenn er nichts oder das Gegenteil gesagt hat), daß du Fortschritte machst ...« Die frommen Lügen, das Mitleid sind nicht gerade seine Sache. Er zieht andere Themen vor, Humor, Politik, Essen usw. Die Politik war sein Lieblingsthema, da man dabei weit abschweifen konnte. »Du und Opa, ihr seid immer Gaullisten gewesen. Aber Chirac ist nicht das gleiche, er hat nichts mit de Gaulle zu tun!« An ihren guten Tagen gab meine Mutter ihm eine Antwort. »Chirac ist für deinen Großvater wie ein Freund gewesen, erinnere dich, er war es, der ihm den Orden der Ehrenlegion verliehen hat. *Galb deb* (ein Herz aus Gold), dieser Chirac!« Und dann sprach sie von der Einfachheit Chiracs, dem erfreulichen Appetit des Premierministers – wir befinden uns im Jahre 1976 – angesichts der tunesischen *Kemia*, die sie für ihn zubereitet hatte. »Er sagte, hmm! Ist das gut, Madame ... Und was ist das für ein Gewürz an den Karotten?« Dann folgte die genaue Aufzählung der Vorspeisen, die, wie es Sitte war, zum Aperitif gereicht wurden. Bis hin zu den Olivensorten, die verschiedenfarbig und unterschiedlich eingelegt waren. »Ich mag ihn sehr, diesen Mann«, schloß sie, unerschütterlich gegenüber den zweifelnden Gesichtern einiger.

Was man zumindest mit Gewißheit sagen kann, ist, daß Fritna nie ein politischer Mensch war. Ihre Ansichten, die sie voller Leidenschaft vertrat, hingen von den Berichten von diesem, der Meinung von jenem ab, vieles hatte sie genau so gehört. Und schließlich hingen sie von ihrer Laune ab. So erwähnte sie oft die Pogrome, die – »das ist lange her« – in Nordafrika an den Juden verübt wurden. Ohne näher darauf einzugehen, meinte sie, damit ihren Haß gegen die Araber zu rechtfertigen. Von allen abgedroschenen rassistischen Phrasen, die die Kolonisierung ins Land gebracht hatte, vergaß meine Mutter nicht eine. Schmutzfinken, Lügner, Diebe, Faulpelze, vollkommen unfähig, ein Land zu regieren. Was würden diese »Eingeborenen« (meine Mutter gebrauchte diesen Ausdruck manchmal, um sich vornehmer und gleichzeitig objektiver zu geben) mit uns machen, wenn sie an der Macht wären? Dieses »uns« umfaßte Franzosen, Juden, Italiener. Mit einem Wort, Weiße. Die Zivilisation gegen die Barbarei.

1952 gaben einige nationalistische Attentate das Signal zur Rebellion in Tunesien. Meine Mutter konnte es nicht verstehen. »Warum erheben sie sich? Was wollen sie denn, diese Araber?« Und ohne eine Antwort abzuwarten und mit einer wirklich aufrichtigen Naivität, entrüstete sie sich. »Wir haben von ihnen doch trotz allem nicht verlangt zu gehen!« Ich versuchte, ihr zu erklären, daß die Tunesier in Tunesien zu Hause waren und daß Frankreich sie mit Gewalt seinem Protektorat unterstellt hatte. »Ich bitte dich, Gisèle, hör auf! Sag keine Dummheiten!« Fritna war

sehr wütend. »Zu Hause, die Araber? Was wäre aus Tunesien denn geworden ohne das, was wir getan haben?«
Immer dieses vieldeutige, ungenaue, sich aber zweifellos in
Sicherheit wiegende »wir«. Und immer das ganze Inventar,
nunmehr mustergültig, der Straßen, Brücken, Krankenhäuser, aufgezählt wie eine Liste von Hochzeitsgeschen-
ken, die ein einziger Spender großzügigerweise überreicht
hatte: Frankreich.

Heute ist kein Tag für Gespräche. Meine Mutter antwortet
kaum, mit zusammengepreßten Lippen begnügt sie sich
damit, den Kopf zu schütteln. »Ich wähle nicht mehr, ich
bin krank.« Diese Antwort in Form einer Klage erschüttert
Kamoun, ich weiß es, ich merke es an der Art, wie er
plötzlich aufsteht, erst zum Fenster schaut und dann auf die
Tafel am Fußende des Bettes und laut lacht. »Ich kenn'
dich, Oma, du wirst Henri eine Vollmacht geben, damit er
für Chirac stimmt.«

»Aber sie wird auf den Beinen sein, sie wird selbst
wählen, ihr werdet sehen!« Ich bin gerade hereingekommen, laut schmettere ich diese Worte hinaus. Fritna
ist leichenblaß, ihr Blick ist von einem grauen Schleier
verhangen.

Zum ersten Mal bemerke ich ihre Kahlköpfigkeit. Ein
kahler Kreis oben auf dem Kopf, mit vereinzelten weißen Haaren, die auf der Haut kleben. Ich dachte, nur
eine Chemotherapie führt zu so starkem Haarausfall. Was
ist geblieben von der dunklen Haarpracht, die die Berber-
ohrringe so wundervoll umrahmte, ebenso wie das blen-
dende, erbarmungslose Lächeln — man konnte sich ihm
nicht entziehen —, das schönste Lächeln der Welt, sagte

Édouard, was ist davon geblieben? Ein winziges Gesicht, furchtbar zahnlos, weil die Prothesen, so meine Mutter, doch schlecht seien, und im übrigen würden sie einem im Krankenhaus weggenommen.

Ist von ihren üppigen Formen – »Mama, von dir haben wir unser südländisches Becken!« pflegten meine Schwester und ich immer zu spaßen – nur das geblieben? Das, was ich vor Augen habe, ein geschrumpfter, verformter Körper, eher ein Haufen, ein Rücken, so krumm, daß er einen richtigen Buckel bildet (Osteoporose), hat keinen Bezug mehr zu der großen, hochmütigen Fritna, zu meiner Mutter. Einstmals runde und wohlgeformte Brüste fallen als flache Hautfalten auf einen schlaffen Bauch. Unförmige Schenkel mit zahllosen Krampfadern, Beine und Knie voller Narben von den Chirurgen.

An jenem Abend suchte ich, als ich nach Hause kam, das Foto heraus, jenes großartige, das mich niemals verlassen hat, bevor ich nicht meine täglichen Aufzeichnungen gemacht hatte. Aus denen ich zitiere: »Sie (Fritna) wurde ausgehöhlt, aufgefressen, verheizt, verstümmelt. Von einem Wesen aus Licht, ›man‹ (?) hatte es darauf abgesehen, einen Haufen wertlosen Fleisches aus ihr zu machen, ohne Form noch Leben.«

Fritna reagiert kaum auf meine kurze Umarmung. »Mama, wie geht's dir heute?«

Kamoun wirft mir einen vernichtenden Blick zu. Er haßt diese gekünstelte Unbeschwertheit und ist diesbezüglich nicht gerade nachsichtig. Nachdem ich ihre Kissen aufgeschüttelt und ihr unter den Rücken geschoben habe, damit sie besser sitzt – wie ein gelehriges Kind läßt sie sich helfen, »so ist es besser, danke, mein Kind« –, mache ich mich auf die Suche nach der Schwester. Entlang der endlosen Flure, von denen aus man durch die offenen Türen Kranke mit leerem Blick sieht, gelange ich zu dem kleinen Arbeitszimmer. »Bei Ihrer Mutter ist nichts vorhersehbar. Gestern in Bestform. Heute eine Aorta, die Sorgen macht, die anschwillt.« Sagt er das, um seinen alarmierenden Anruf, als ich schon auf Sizilien war, zu rechtfertigen, oder geht es Fritna wirklich sehr schlecht?

Seitdem sind zehn Tage vergangen. »Sie verstehen, da eine Operation ausgeschlossen ist, hängt ihr Leben von einem sehr müden, erschöpften Herzen ab ...« Er fügt hinzu, daß sie Ausdauer hat. »Vergessen Sie nicht, sie ist siebenundachtzig oder achtundachtzig Jahre alt!« erinnert er mich mit einem kleinen bewundernden Pfeifen. Eine unangebrachte Bemerkung. Ich mag Ärzte ohnehin nicht. Nicht wegen ihrer Ignoranz oder ihrer Fehler, machen wir uns da keine Illusionen. Sondern weil sie hinter hohlen Phrasen ihre Ohnmacht verbergen. Einer meiner Freunde, ein berühmter Professor der Medizin, hat eines Tages zu mir gesagt: »Wir haben Kenntnisse, aber selten die Mittel, sie wissenschaftlich miteinander in Beziehung zu setzen und eine sichere Diagnose zu erstellen.« »Was dann?« »Dann versuchen wir es hiermit und damit ...« Und schließlich: »Sie haben recht, es stimmt, wir sind Nullen!« Doch ich hatte nicht das Gefühl, ihn überzeugt zu haben.

Gegenüber denen, die alte Menschen pflegen, ist mein Mißtrauen doppelt so groß. Ich weiß, daß sie größtenteils wenig wirkungsvoll arbeiten, doch ich unterstelle ihnen darüber hinaus, sich bei ihrer Aufgabe nicht gerade ein Bein auszureißen. Weder bemühen sie sich um eine gezielte Suche nach neuen Mitteln noch um deren wohlüberlegte Kombination. Sie scheinen diesen wunderbaren

Antriebsmotor – das hartnäckige Bemühen, zu heilen und Erfolg zu haben – nicht zu kennen. Außer natürlich, es handelt sich um ein Staatsoberhaupt, einen berühmten Sänger oder um einen Star der Tour de France. Wie die Krankenschwester neulich: Sie glauben, daß es schon als solches ein Sieg ist, fünfundsiebzig oder achtzig Jahre alt zu werden. Das mag reichen. Folglich lassen sie alles langsam angehen. Ohne übermäßigen Eifer.

Während ich diese Zeilen schreibe, die ich im wesentlichen meinem Tagebuch entnommen habe, wird mir die Übertreibung in meinen Worten bewußt. Zweifellos war ich durch die Gespräche mit den Ärzten, durch ihre Ausflüchte und die nichtssagende Diagnose verbittert. Urteilen Sie selbst. Ihrer Meinung nach ist die Aorta dick, nicht zu operieren, sie arbeitet schlecht, aber bislang hatte eben diese Aorta – und diese Kurzatmigkeit – es meiner Mutter trotzdem erlaubt, zu essen und sogar ein wenig zu schlafen. Ich weiß. Wie in dem Moment, als ich von Édouards Krebs erfuhr, finde ich mich nicht mit einer Wissenschaft ab, die den Kosmos erforscht, uns die Entdeckung der Marsmenschen ankündigt, sich ans Klonen wagt und den Tod nicht bezwingen kann. Was doch die oberste Pflicht der Gelehrten wäre. Nicht mehr sterben also? Nein. Aber sie müßten ihn uns zuerst einmal erklären, diesen Tod, und ihn dann soweit wie möglich von uns entfernen. Und vor allem das Leiden abschaffen. Heutzutage ist es nicht mehr zu tolerieren, jemanden leiden zu lassen.

Selbst die Materialistischsten unter uns erwarten von diesen Gelehrten einige Einsichten, um zu verstehen. Das Mysterium oder die Absurdität. Gemäß der einzigen Wahl, die Jean Guitton uns gelassen hat. Doch die Frage von

Fleisch, Blut, Angst und Hoffnung stellt sich anders, jenseits alles Metaphysischen.

Wie wird ein Leben, das sich zusammensetzt aus emotionalen Erfahrungen, intellektuellem Fortkommen, aus Millionen geistiger Annäherungen und gedanklicher Vernetzungen jeder Art, diese unendlich große Ansammlung von Anhaltspunkten, von Tagesanbrüchen, die aufeinander folgen wie endlose Neuanfänge, ja, wie wird diese riesige und einzigartige Gesamtheit, die ausgefeilt, erfahren, aufgebaut wurde, an dieser Mauer zerschellen, die gleichzeitig mit uns aufgetaucht ist? Diese Mauer, die uns vom ersten Tag an erwartet, um uns an ihr scheitern zu lassen, Körper und Seele, unerbittlich. Ohne eine Rückkehr, ohne ein Zeichen, ohne irgendeine Verbindung zur Erde. Weder zu der, in der wir verscharrt wurden, um die Würmer zu nähren, noch zu jener belebten Erde, auf der sich all die bewegen, die wir lieben und von denen wir nichts mehr erfahren. Das Sein existiert nicht mehr. Aber ist das absolute Nichtsein vernünftig, ist es gerecht, kann es sich mit dem menschlichen Abenteuer messen?

Ich lehne die Antwort der Gläubigen ab. Gott nutzt nur ihnen, die Antwort dient der Beruhigung. Was die anderen betrifft, ist der Verlust absolut. In jedem Fall ist das Mysterium – oder die Absurdität – das Eingeständnis unserer größten Niederlage. Die Vernunft erklärt den Anfang und das Ende, doch weder sie noch der religiöse Glaube benennen die totale Auflösung der Lebenswege.

Sicher, für all dies sind die Ärzte ebensowenig verantwortlich wie die Philosophen. Doch die Entdeckung, daß der Tod auf einen geliebten Menschen lauert, führt zwangsläufig zu solchen Hirngespinsten.

Habe ich nicht einige Postkarten an Édouard den Zauberer geschickt, als er bereits tot war? Habe ich ihn nicht in mir weiterleben lassen, um diesem Tod etwas entgegenzusetzen? Weiß Fortunée, daß sie sterben wird und ich versuchen werde, mit ihr zu sprechen, und ihr zweifellos bis zu meinem eigenen Tod Fragen stellen werde, auch wenn sie nicht mehr da ist?

Seltsamerweise sprach meine Mutter, obwohl sie eine praktizierende Gläubige war, nie von ihrem Tod. Während der ihm vorausgehenden zwei oder drei Monate wurde sie aufmüpfig. »Warum muß ich hier bleiben, im Krankenhaus, warum gibt es nichts Besseres für mich?« Durch die Krankheit geschwächt, begnügte sie sich damit zu sagen: »Mal abwarten. Es geht nicht.« Oder: »Ich bin hier stationär.« Doch sie weigerte sich bis zum letzten Moment, von ihrem Tod zu sprechen. Ich versuchte oft, sie zur Beschäftigung mit ihrem Glauben anzuregen, weil ich dachte, daß er für sie ein Trost sein könnte. »Du solltest dich an Gott wenden, Mama, beten, das kann dir helfen.« Sie wies meinen Vorschlag seltsam verärgert, feindlich, zurück. »Was soll ich ihm denn sagen, dem Gott, was hat das mit meiner Krankheit zu tun?« Und fast schon ungestüm: »Ich bin krank, Gisèle, also hör auf damit, ich bitte dich!« Sogleich hörte ich auf, doch ich war niedergeschlagen. Offensichtlich verstand ich Fortunée ganz und gar nicht. Wie also sollte ich hoffen, den Schlüssel für die Abneigung zu finden, die mein Leben aus dem Gleichgewicht gebracht hatte, die es noch jetzt stört? Ich habe Angst vor ihrem Tod, er wird für immer die Antwort mit sich nehmen, auf die ich warte.

Die Krankenschwester kommt mit dem Sauerstoffgerät, dem Thermometer und holt einen Stift aus ihrer Tasche. Sie zeichnet in das Diagramm am Fußende eine neue Kurve ein. »Und noch eine!« Ich schimpfe, ich bin schlecht gelaunt. Ich begleite die Vorbereitungen mit den üblichen Phrasen: »Jetzt wird's gleich besser, du wirst sehen, Mama, mit dem Sauerstoff ist es so, als würdest du einen Spaziergang im Gebirge machen.«

Kamoun verzieht sein Gesicht und zieht sich mürrisch in sein Schweigen zurück; er mag dieses Theater nicht, er wird es mir später vorwerfen.

Fortunée ist am Einnicken, scheint es. Wir küssen sie sanft und gehen.

»Deine Söhne? Ich habe sie erzogen!«

Kamoun ist trübsinnig. Als das Auto startet, murmelt er ein
trauriges »Sieht nicht gerade gut aus«. Um ihn abzulenken,
frage ich: »Hat sie dir nicht von der Zeit erzählt, als sie euch
alleine erzogen hat, dich und Jean-Yves?« Es ist eine Anspielung auf ein Märchen, an das Fritna taktisch geschickt
immer wieder erinnerte. In unseren Diskussionen, die oft
in Auseinandersetzungen endeten, schleuderte meine Mutter mir mit einer gewissen Grausamkeit folgendes entgegen:
»Schämst du dich nicht vor mir, die so viel für dich getan
hat!« (Und jedesmal die gleiche stumme, heftige Reaktion
tief in mir: »Außer mich zu lieben, Mama!«) »Und deine
Kinder? Deine Kinder habe ich erzogen.« Und indem sie
sich zu Édouard wandte: »Sie hat sie verlassen, um die Araber in Tunesien und Algerien zu verteidigen.«

In manchen Schulferien zu jener Zeit, als ich zwischen
1956 und 1962 in Algerien ununterbrochen Prozesse
führte, überließ ich meine beiden Söhne in der Tat dem
Flugzeug von Air Inter, das sie alleine nach Nizza brachte.
Édouard erwartete sie freudestrahlend am Flughafen und
überschüttete sie sogleich mit der Erzählung der Abenteuer von *Santa Karamustapha*. Diese Phantasiefigur, deren
Erlebnisse er bei jedem Aufenthalt seiner Enkel weiter-

spann, wurde ihnen sehr wichtig. *Santa Karamustapha,* auf den sie tatsächlich – wenn auch vergeblich – am Bahnhof warteten, *Santa Karamustapha,* der im »Negresco« abgestiegen ist, doch auf der Gästeliste des Luxushotels nicht zu finden ist, trotz aller Beharrlichkeit und Wut Édouards in der Hotelhalle, was zur Spannung und Wahrhaftigkeit noch beitrug.

Meine Mutter dagegen sorgte für den geregelten Tagesablauf, den Kinder in diesem Alter brauchen: waschen, essen, schlafen gehen usw. und erdachte sich dann eine eigene Realität, durch die sie zweifellos Einfluß auf die Gesinnung meiner Söhne nehmen wollte.

So führte nach dem Tod meiner Mutter eine seltsame Polemik zu einer Auseinandersetzung zwischen meinen Söhnen und mir. Jean-Yves und Kamoun, die von der Liebe ihrer Großmutter sprachen, redeten über ihre Aufenthalte als Kinder in Nizza, ihre Spaziergänge auf der Promenade mit Édouard und die Zuvorkommenheit Fortunées. Zweifellos wollten sie mir gegenüber ein wenig übertreiben, auf diese leicht provozierende Art, wie es alle Söhne mit ihrer Mutter tun.

»Oma hat es uns oft gesagt, daß sie es war, die uns erzogen hat.« Jean-Yves gab noch eins drauf: »Ja, wie oft hat sie wiederholt: ›Eure Mutter zieht es vor, die Araber zu verteidigen, statt sich um euch zu kümmern.‹« Nachdem ich darüber gelacht hatte, wurde mir klar, daß ihre Scheinwelt als Kinder dieses von meiner Mutter konstruierte Märchen vollständig bewahrte. Da sie in reiner Gefühlszuwendung badeten, hatten sie es kaum hinterfragt. In der Liebe wird man nicht durch die Vernunft geleitet. »Aber ihr seid das ganze Jahr zur Schule gegangen! Und aufs Gymnasium! In Nizza oder in Paris? Die Jahre im Pensionat in Rambouillet, das kann nicht in Nizza gewesen sein, bei mir habt ihr gelebt!«

»Und du, Jean-Yves, als du am Blinddarm operiert worden bist, in welchem Krankenhaus war das, in Paris oder in Nizza?« »Aber die Masern haben wir in Nizza gehabt...« Masern gegen Blinddarm, Ferien gegen das Schuljahr, Mythos gegen Wahrheit, die Diskussion nahm ihren Lauf, wurde lebhaft, dann wieder ruhiger, mit der Zeit eher zum Spaß geführt, als um ein Problem zu lösen, das es nicht gab.

Meine Söhne widersetzten sich, wurden spitzfindig. Ihre Überzeugungen aus Kindertagen bekamen Risse, was immer eine schmerzliche Erkenntnis ist. »Aber in den ganzen Ferien, an Weihnachten, Ostern und in den drei Monaten im Sommer, da hat sich doch Oma um uns gekümmert?« Also erwähnte ich die Ferienhäuser, Antibes, La Baule, Giens, und die Abreise der Familie in die Ferien. »Und l'Isard Blanc, seid ihr dort gewesen oder nicht, in l'Isard Blanc?«

Dieser Einwand war ein Treffer. Dieses Kinderferienheim, einzigartig aufgrund seiner Methoden und des Ehepaars, das es leitete, blieb ein strahlender Höhepunkt ihrer Schulferien in den Pyrenäen. Auf den Pisten hatten alle drei als junge Skifahrer Glanzleistungen vollbracht. Und Belohnungen dafür bekommen, eine Schneeflocke, ein, zwei, drei Sterne ... sogar eine Gemse! Im Sommer verbrachten sie regelmäßig einen Monat in l'Isard Blanc. Jedes Jahr, bis sie fünfzehn oder sechzehn waren, verbrachten meine beiden Ältesten, später gefolgt von dem Nesthäkchen Emmanuel, dort eine glückliche Zeit.

Im zweiten Monat der großen Ferien (die für berufstätige Eltern unendlich lang sind) bin ich mit ihnen ans

Meer gefahren. Außer ich wurde wegen der Sitzungen der Militärtribunale in Algerien, die ohne Unterbrechung von Januar bis Dezember stattfanden, vor Gericht geladen. In diesem Fall waren Fritna und Édouard meine einzige Rettung. Jetzt sieht dieses »Deine Söhne habe ich erzogen ...«, das mir meine Mutter immer entgegenschleuderte, doch schon ganz anders aus. Trotz der Schwierigkeiten, der Ablehnung, der Streitereien wollte ich diese wichtige Beziehung aufrechterhalten. Wenn meine Kinder diese einzigartige Entfaltung der Beziehung zwischen Großeltern und Enkelkindern erfahren haben, dann deshalb, weil ich es beschlossen hatte und von Édouard darin unterstützt wurde. Ich wollte – bei dem schwierigen Leben, für das ich mich entschieden hatte –, daß meine Kinder von ihren Großeltern »profitierten«. Édouard tat alles, um Fortunées Widerwillen zu bezwingen. Nicht, daß sie ihre Enkelkinder nicht liebte, im Gegenteil, ich glaube, daß sie bis zu ihrem Tod in ihnen eine Liebe und Treue gefunden hat, die sie ihr nicht hätten entgegenbringen können, ohne daß sie auf Gegenseitigkeit beruhte. Aber sie sei müde, sagte sie, diese Knirpse »machen viel Arbeit, man muß auf sie aufpassen. Édouard, was macht er schon? Nichts, er spielt mit ihnen, erzählt ihnen verrückte Geschichten und geht mit ihnen nach draußen. Ich muß mich um alles kümmern.« Im allgemeinen ließ ich sie ihr Leid klagen und besorgte mit Édouards Einverständnis die Flugtickets.

Ich habe mich oft gefragt, warum Fortunée mich so aus der Kindheit meiner Söhne ausradierte. Steckte dahinter die Absicht zu dominieren, eine Beziehung zu ihren Enkelkindern aufzubauen, hinter der die Mutter verschwand oder die sie zumindest in der Rangfolge weit hinter sich ließ? Simpel. Zu simpel. Anläßlich eines Wiedersehens mit ihren Enkelkindern klagte sie nicht, niemals. Sie war glücklich darüber. Doch sie wahrte auch soviel Distanz, nicht um ihr Kommen zu bitten. Weniger Mühe, weniger Arbeit. Und sie konnte die einzige Macht ausüben, die sie noch über mich besaß: meine Söhne. Da sie sowohl mein politisches und berufliches Engagement als auch die Freiheit in meinem Privatleben mißbilligte, mußte sie, um recht zu behalten, beweisen, daß ich eine schlechte Mutter war. Und es meinen Söhnen vor Augen führen, die im Laufe der Jahre ihre Kindheitserinnerungen neu zusammensetzen mußten.

Fritna und Gaby

Wie hatte Gaby in einem solchen Maße ihre Trauerarbeit (oder vielmehr »Liebesarbeit«) leisten können und es geschafft, ihre Mutter zu ihrem eigenen größten Nutzen schon in ihrer Jugend zu »töten«?

In der Nacht, in der sie, kaum achtzehn Jahre alt, durch das Fenster aus der elterlichen Wohnung flüchtete, wurde aus der Raupe ein Schmetterling. Fritna? Sie hatte auf den Austausch jeglicher Gefühle mit ihr verzichtet. Édouard? Gaby wußte, daß sie ihm sehr weh tun würde. Doch sie hatte Abstand genommen. Noch als sie aufs Gymnasium ging und sich gerade aufs Abitur vorbereitete, hatte sie sich wie eine Wahnsinnige in eine schwierige Liebesgeschichte gestürzt. Ein Italiener, verheiratet (damals konnten Ehen nicht geschieden werden), Vater zweier Halbwüchsiger, mehr als doppelt so alt wie sie. Der zweiundvierzigjährige Mann hatte weder einen Beruf noch eine geregelte Arbeit oder irgendein festes Einkommen. Als unveränderliche Gegebenheit verkündete er wie ein Glaubensbekenntnis: »Ich bin Kommunist!«

Er war es in der Tat, aber einer von der übelsten Sorte. Ein Stalinist bis zu seinem Tod, ein Anhänger von Gewalt, ein Großmaul, stark wie ein Stier, widerstrebte es ihm nicht bei seinen Widersachern oder auch einfach nur, um in Übung zu bleiben, seine Fäuste zu gebrauchen. Wie war meine introvertierte, brave und romantische Schwester in seine Klauen geraten? Bei einer politischen Versammlung, sagte sie mir, die Willensstärke dieses Menschen hatte sie zu ihrer Entscheidung für ihn bewogen. Zu Beginn war es zweifellos der Stolz des begeisterten Anhängers, dem es gelang, ein neues Mitglied zu werben. So trat Gaby in die kommunistische Partei ein, wurde dann seine Geliebte und floh mit ihm. Sie war von ihm in jeder Hinsicht fasziniert: Er war ihr erster Liebhaber, eine Art Vaterfigur, ein politischer Führer. Sicherlich glaubte sie, auf diese Weise ihre Probleme geregelt zu haben. Und wir dachten, sie hätte sich in ihr Schicksal ergeben! Nun konnte sie zu Fortunée sagen: »Wenn du mich nicht liebst, er liebt mich.«

An dem Morgen, an dem wir den Skandal entdeckten – »ein solcher Skandal, in unserer Familie!« heulte meine Mutter, die sich in ein tunesisches Klageweib verwandelt hatte, sich die Wangen zerkratzte und sich in die Hände biß –, war ich wie vom Blitz getroffen, ich fühlte mich verraten. Gaby hatte aufgegeben. Ich war fast stumm und hörte meinem Vater kaum zu, der einen Revolver aus dem letzten Krieg aus ich weiß nicht welchem Versteck hervorgeholt hatte, er schwor, daß er sie verfolgen würde, »sie, die Nutte, und ihn, den Schweinehund«, und daß er sie alle beide abknallen würde, so wahr er Édouard heiße! Sein Selbstmord mußte folgen, wie es Gesetz war.

Auf das Kissen in ihrem Bett hatte Gaby, ganz klassisch, einen erklärenden Brief gelegt. In wenigen Zeilen faßte sie einen Teil ihres Lebens zusammen, den sie geheimgehalten hatte, während sie an unserem Leben teilnahm.

Sie sei in M. verliebt. Sie gehe weg, um mit ihm zu leben. Sie sei im dritten Monat schwanger. Es sei nutzlos, so teilte sie uns mit, zu versuchen, sie zur Rückkehr zu zwingen, selbst wenn das Gesetz – sie war minderjährig – dies erlaubte.

Es gelang mir nicht, diese Flucht als eine radikale Auflehnung zu sehen. Ich sah darin absolut keine Zukunft. Der Verführer, den ich kannte, schien mir das Gegenteil von einem guten Gefährten für Gaby. Sicher, es war ihre Sache, darüber zu urteilen. Doch eben das war es: Wie hatte sie sich derart täuschen können? Und vor allem, vor allem, warum hatte sie mir nichts davon gesagt, wo wir uns so nahe waren? Gaby, die ich ganz fest an der Hand hielt, wenn ich sie zur Schule begleitete; ich war acht und sie vier. Die ich später bei den Hausaufgaben beaufsichtigte und die ich jeden Donnerstag in den Park des Belvédère mitnahm, um »saubere Luft zu atmen«, gemäß der Mythologie Édouards. Hör zu, Gaby, erinnere dich an die Musik, ja, an die Musik. Kaum hatte ich die Noten, den Gesang, das Klavier in der absoluten Gleichgültigkeit unseres Zuhauses entdeckt, wollte ich ihr davon das Notdürftigste beibringen. Neues Terrain, auf dem wir uns verbünden konnten. Hattest du mir nicht geschrieben, Gaby, als ich von zu Hause ausgezogen war, um nach Paris und an die Universität zu gehen, daß ich dich verlassen hätte, »ohne jemanden, der [dir] helfen, [dich] verstehen, [dich] lieben konnte«?

Ich war achtzehn Jahre alt, sie vierzehn, und der Austausch mit dem Vater wurde zwangsläufig mit der Pubertät und dem üblichen Gang der Dinge seltener. Die Mutter hielt sie weiterhin auf Distanz und fuhr fort, ihr Pflichten im Haushalt aufzuerlegen.

Gaby hatte diese wichtige Wendung vor mir verborgen. M., ihr Liebesabenteuer, ihre Schwangerschaft. Vor allem ihren Plan zu fliehen hatte sie geheimgehalten. Sie, die sich mir so gerne, so oft, so vollständig anvertraute, hatte jedes Beisammensein unter vier Augen vermieden. Ich hatte gleichzeitig bemerkt, daß sie dicker wurde und daß sie sich mehr in sich selbst zurückzog.

Für mich bedeutete ihre Revolte mein Scheitern. Das Scheitern unserer Beziehung, die uns bis dahin geholfen hatte, die gleiche gemeinsame Wunde, das Fehlen von Mutterliebe, ein wenig zu schließen. Ich sagte mir, daß die Macht, die Erfahrung, der Einfluß von M. auf sie so groß waren, daß sie lediglich seinen Plan ausgeführt hatte und zweifellos auch seine Anweisungen. Doch das gab mir kaum Trost, im Gegenteil. Sie war manipuliert, Eigentum des Verführers, eine willenlose Marionette. Sie war so weit gegangen, Édouard zu verraten – »Meine *falfala*, meine Brünette«, nannte er sie voller Zärtlichkeit. Sie war so weit gegangen, mich, auch mich zu verraten.

Ich machte mich auf die Suche nach ihr und fand schließlich heraus, wo sie sich versteckte. Auf dem Land, etwa hundert Kilometer von Tunis entfernt, in einem kleinen, einsam gelegenen Bauernhof. Ich mußte mehrmals nach dem Weg fragen. Schließlich fuhr ich drauflos, trotz des Widerstands meines Renaults 4 CV und mit ungutem Gefühl auf diesem steinigen Weg. Am Ziel angelangt, bremste ich abrupt. Gaby und ihr Liebhaber kamen im Gleichschritt, Hand in Hand, auf mein Auto zu. »Ich möchte mit dir sprechen, Gaby.« Sofort drehte sie sich zu ihrem Begleiter um. »Allein.« Ich kam ihrer Frage, der Bitte um Erlaubnis, die ich als erniedrigend empfunden hätte, zuvor. »Kann ich mich unter vier Augen mit meiner Schwester unterhalten?«

Sie tauschten Blicke aus. Ein Zögern. »Ich muß unbedingt mit ihr sprechen. Sie ist alt genug.« Ich bestand darauf. M. ließ ihre Hand los, warf ihr einen herrischen Blick zu, machte dann auf dem Absatz kehrt. Sobald er in der bescheidenen Behausung verschwunden war, nahm ich Gaby am Arm und zog sie ins Kornfeld, dessen Halme jetzt im Juni hoch und seidig waren. »Gaby, das kannst du nicht machen.« »Ich liebe ihn, das ist meine Sache!« unterbrach sie mich. »Warte doch mal, schau. Das ist übereilt.« Ich schlug ihr vor, zurückzukommen und mit Édouard darüber zu sprechen. »Er ist halb wahnsinnig vor Schmerz und vor Wut, du weißt es.« Ich dachte, das würde sie irgendwie berühren, doch sie unterbrach mich mit einem heftigen »Das ist mir egal« und wollte zurückgehen. Ich hielt sie an ihrem weiten Faltenrock fest. »Hör zu, warte! Du hast dir das nicht überlegt.« »Was soll ich mir überlegen, sag mir das?« Und sie begann, sich voller Bissigkeit zu rechtfertigen. »Ich liebe ihn, ich will mit ihm leben, ich hasse das Leben, das wir zu Hause führen.« Ich versuchte nun, diesen Wortschwall, in dem sich Haß und Liebe abwechselten, zu bremsen. »Und außerdem«, führte sie als Argument, das der Diskussion ein Ende machen sollte, an, »erwarte ich ein Kind, ich habe es euch geschrieben.« »In deinem Alter, kurz vor dem Abitur, das kann warten.« »Nein«, schrie sie, »ich werde nicht abtreiben. Nein! Wir wollen dieses Kind!«

Wieder hielt ich sie zurück, diesmal an ihrer ärmellosen Bluse. Ich schlug ihr einen Kompromiß vor: daß sie mit mir zurückkäme, um sich auszusprechen, um sich dort über alles klar zu werden, sie könnte immer noch in ihre

Bruchbude eines Liebesnestes zurückkehren, wenn wir keine Lösung finden sollten. »Aha, das ist jetzt also der Rat der Familie! Und eine Falle, da ich minderjährig bin.« »Eine Falle? Wie kannst du das sagen, Gaby?«

Ich war verletzt, und vor allem ermaß ich die vollkommene Ohnmacht der Worte, des Unterfangens, der Vernunft. »Denk darüber nach«, sagte ich ohne Überzeugung, während ich zu meinem Auto zurückging. Langsam öffnete ich die Wagentür, vergewisserte mich, daß meine Schlüssel noch auf dem Armaturenbrett lagen, ging langsam zu ihr zurück. Würde sie mich umarmen? Ich kam näher. In diesem Augenblick drehte sie den Kopf und ging M. entgegen, dem unser vertrauliches Gespräch zweifellos schon zu lange dauerte und der auf uns zukam.

Mit Vollgas fuhr ich davon. Ich wußte nicht mehr, was ich bei dieser Geschichte am meisten verabscheute, die Wahl meiner Schwester, den Verrat unserer Freundschaft oder meine Mutter, die ich verantwortlich machte für diesen »Tod«, wie sie selbst diese Flucht bezeichnet hatte.

Tot, ja, Gaby war für uns zwölf Jahre lang tot. Getreu ihrer Art des Trauerns verbot Fritna in ihrer Anwesenheit jede Anspielung auf den »Skandal«, die »Schande«. Ich wußte, daß sie zu dem großen Schweigen, zur Entzweiung, zur Isolierung fähig war. Aber noch heute wundere ich mich über diese unerbittliche Haltung, über diese Ablehnung jedes Vermittlungsversuchs.

Bis zu dem Tag, an dem ich von meinem Bruder Henri, der anscheinend einen gewissen Kontakt zu ihr aufrechterhalten hatte, erfuhr, daß Gaby zu einem rätselhaften Krankenhausaufenthalt nach Paris kommen würde, in ein

Erholungsheim oder Sanatorium, unter psychiatrischer Obhut. Gleichzeitig erfuhr ich, daß das Wunder geschehen war. Fritna, die sich in eine Mutter verwandelt hatte, würde Gaby wiedersehen. Meine Eltern, die Tunesien nach der Unabhängigkeit endgültig verlassen hatten, fuhren von Nizza nach Paris. Meine Mutter würde Gaby in Begleitung von Henri empfangen.

Doch was war passiert? Weshalb gab Gaby ihren Mann, ihre Kinder, ihr Zuhause auf? Als ich sie wiedersah, hatte ich Tränen in den Augen. Mehr aus Wut als aus Rührung. Wer hatte meine kleine Hexe mit dem Blick einer Zigeunerin, meine kleine Schwester, meine Freundin aus Kindertagen, meine Busenfreundin, so zugrunde gerichtet?

Sie war grau im Gesicht, hatte fiebrige Augen und mindestens zehn Kilo zugenommen. Stockend versuchte sie, es zu erklären. »Das kommt von der Behandlung von Doktor X., dem Freund meines Mannes.« Ihr Mann (denn sie hatte M. geheiratet, der sich nach der Einbürgerung einige Jahre später hatte scheiden lassen können) wollte sie inzwischen loswerden. Sie hatten zwei Kinder, zu jung und zu sehr von der Autorität des Vaters geprägt, um in die Auseinandersetzung einzugreifen. »Was für eine Auseinandersetzung? Seit so vielen Jahren wissen wir nichts von dir und deinem Leben!« Sie hatte meine Hand ergriffen. »Du kannst es nicht wissen, er ist ein Scheusal«, stammelte sie mit ausdruckslosem Blick, den Körper angespannt.

M. war offensichtlich gelangweilt, er wollte ohne Klotz am Bein zum Leben eines alleinstehenden Mannes zurückkehren, sich auf Parteiversammlungen, auf Partys mit Freunden – und Freundinnen – und in Kneipen herumtreiben und hatte daher beschlossen, sich von meiner Schwester zu trennen, aber auf die billige Art und Weise.

Mit Hilfe zweifelhafter medizinischer Gutachten und der Unterstützung einiger skrupelloser Freunde überzeugte er sie davon, nach Paris in die »Kuranlage« zu fahren, in der er sie angemeldet hatte.

Am Tag nach ihrer Ankunft in Frankreich erhielt Gaby vom Gerichtsvollzieher eine Vorladung. Sie wurde beschuldigt, Mann, Kinder und den ehelichen Wohnsitz verlassen zu haben. Ich nahm sofort das Flugzeug und verteidigte sie in Tunis vor Gericht. Alles nahm seinen geregelten Gang, die Scheidung wurde verkündet, sie verließ die Nervenheilanstalt, in der sie sich ohne irgendeinen medizinischen Grund aufhielt, und heiratete bald darauf wieder... Sie bekam das Sorgerecht für ihre Tochter, ihr Sohn hatte sich entschieden, bei seinem Vater zu leben.

Gaby war für Nadia eine liebevolle, fürsorgliche Mutter, wie viele Geschiedene bemutterte sie beinahe zu sehr (das ewige Schuldgefühl!).

Nadia befreite sich sehr schnell davon. Sie geriet in die Fänge einer jüdischen Sekte, die in Paris nach neuen Anhängern suchte, und ging nach Israel, um dort in einem Kibbuz zu leben. Ihr Leben nahm chaotische Bahnen, zwei unglückliche Ehen mit jüdischen Extremisten, beide mit Schläfenlocken. Politisch sehr reaktionär. Einmal mußte sie es ablehnen, so berichtete sie fast ein wenig prahlend, jemandem die Hand zu schütteln, der schon Arafat, dem Chef der »Terroristen«, die Hand gegeben hatte. Tatsächlich handelte es sich dabei um einen meiner Freunde, einen Journalisten und Abgeordneten in der Knesset, dem ich sie ans Herz gelegt hatte. Sie ließ sich in Panik scheiden, sie war im Nachthemd geflohen. Der Ehemann, dem Gott Elohim so nah und so weit entfernt davon, den anderen zu respektieren, hatte sie brutal geschlagen. Und damit das Band eines gemeinsamen Lebens durchtrennt.

Mein »Kollaborateursfreund«, der für einen Dialog mit den Palästinensern eintrat, war auf meine Bitte hin bereit, meiner Nichte zu helfen. Nadia willigte lediglich ein, die Adresse eines Anwalts zu notieren. Sowie die eines potentiellen Arbeitgebers in einem Supermarkt. Sie bedankte sich, doch sie gab dem Verräter nicht die Hand.

Über ihre religiöse Bekehrung und ihre Verbundenheit mit Israel war Nadia immer auf eine komplizenhafte Art mit ihrer Großmutter verschworen. Beide stellten diejenigen, die zum Dialog mit Arafat (»er gleicht mit seinem Turban und dem Blick eines Betrügers einem Banditen«, sagte Fritna immer wieder) und seinen Anhängern bereit waren, mit den schlimmsten Feinden des jüdischen Volkes gleich. Alle Erklärungsversuche im Sinne einer Friedensbewegung scheiterten an dem immer gleichen Einwurf: »Ihr wollt, daß Israel zerstört wird!«.

Gaby und ich knüpften damals das zerrissene Band, das uns verbunden hatte, neu. Nach vielen Jahren. Doch warum waren wir so lange getrennt, obwohl wir beide diesen Schnitt haßten?

Zunächst war da, glaube ich, die geographische Entfernung. Ich hatte Tunesien, wo Gaby bis zu ihrer Scheidung blieb, endgültig verlassen und war in Paris Anwältin geworden. Vor allem aber kannte ich den unbeugsamen Charakter meiner Schwester, für die der Bruch nur total und allumfassend sein konnte. »Ich hatte die Familie aus meinem Leben gestrichen, ich hatte keine Familie mehr«, erklärte sie mir später. Und sie hatte mich – was ihr dadurch erleichtert wurde, daß ich in Vertretung meiner Eltern versucht hatte, sie ins Elternhaus zurückzuholen – in einen Topf mit meinen Eltern geworfen, die sie endgültig aus der Sippe verstoßen hatten. Es wird wohl deutlich, die Personen, die Zeit und die Gesellschaft von damals führten zu einer Tragödie ganz im griechisch-sephardischen Stil. Mit Klageweibern, Exkommunikationen, dem »Tod« der Schuldigen.

Danach trat auf der Bühne ein unendliches Schweigen ein. Jenes undurchlässige und tödliche Schweigen, das den Katastrophen folgt. Aber warum habe ich nicht, trotz alledem, versucht, es zu brechen, es zu beenden? Meine einzige Antwort: Gaby. Ich glaubte, daß sie mit dem scharfen Schnitt eines Skalpells endgültig unsere Verbindung durchtrennt hatte und daß sie durch nichts dazu zu bewegen wäre, wieder auf mich zuzukommen. Es blieb folglich nichts, was ich versuchen konnte. Nachdem dieses Band zwischen uns wieder geknüpft war, löste es sich nie mehr. Wir blieben eng verbunden.

Die Begegnungen zwischen Gaby und Fritna waren voller Abwechslung, es kam häufig zu Auseinandersetzungen, und immer waren sie doppeldeutig. Kaum hatte sich Gabys Situation geklärt, wurde Fritna Witwe und ihre Situation somit schwieriger. Als erstes litt ihre Gesundheit: das Herz und die zahlreichen chirurgischen Eingriffe, die sie wegen ihrer Prothesen am Knie und am Schenkel über sich ergehen lassen mußte. Meine Mutter war oft und in immer kürzeren Abständen im Krankenhaus. Sie brauchte Gaby, und Gaby saß – aus Pflichtgefühl oder vielleicht, weil sie wie ich nun, in vorgerückten Jahren, geliebt werden wollte – ständig an ihrem Bett. Eine wahre Krankenpflegerin, liebevoll, ständig verfügbar. Bis zu dem Tag, an dem es zu einem seltsamen Streit kam, bei dem Fortunée Gaby aus ihrem Krankenzimmer gejagt haben soll.

Von diesem Tag an erklärte nun Gaby ihrerseits ihre Mutter für »tot«. Sie sah sie niemals wieder, nicht einmal, als sie wirklich starb.

Fritnas Ordalien

Bei meiner Ankunft im Krankenhaus am späten Nachmittag traf ich meinen Bruder Henri an Fortunées Bett an. Großtuerisch wie immer, führte Nano – ein Spitzname, den Fritna ihm gegeben hatte – lautstark und wild gestikulierend seine neurotische Zuneigung vor, die ihn mit seiner Mutter verband. Abwechselnd gab er ihr Ratschläge – »Ich habe es dir gesagt, faß den Sauerstoff nicht an, ruf die Krankenschwester!« –, machte ihr Vorwürfe – »Du bemühst dich überhaupt nicht, etwas zu essen!« –, erzählte anekdotenhaft von seiner bedingungslosen Aufopferung – »Ich komme direkt von der Arbeit, ich habe alles stehen und liegen lassen, um deinen Arzt zu sehen . . .« Manchmal wurden seine Worte fast melodramatisch – »Ich kann nicht mehr, ich werde noch vor dir sterben, du wirst sehen . . .« –, ohne daß ihm bewußt war, wie lächerlich das klang.

Nano hatte damals eine sehr schlechte Beziehung zu seinen Schwestern. Daher enthielt ich mich jeglicher Reaktion und richtete mich nur an meine Mutter, die ich an jenem Tag in besonders schlechter Verfassung antraf. Ich kontrollierte die Temperaturkurve, warf einen Blick auf die verordneten Medikamente, schüttelte wie jedesmal ihre Kissen auf und versuchte trotz allem, in den Wort-schwall meines Bruders einige Worte einzuwerfen.

War der Assistenzarzt heute morgen vorbeigekommen? Was hatte er ihr gesagt? Fortunée antwortete kaum, sie schien sehr geschwächt, und ohnehin wußte sie es nicht, erinnerte sich nicht. Obgleich ihre geistigen Fähigkei-ten noch immer vorhanden waren, wurde es offensicht-lich, daß sie schon seit einigen Monaten Ereignisse aus der Vergangenheit durcheinanderbrachte und ihr Kurzzeit-gedächtnis ganz verlor. Ich haßte es, mir das einzugeste-hen, und fand mich nicht damit ab; ich wollte sie zwingen, ihr Gedächtnis zu benutzen, indem ich beharrlich die Arztvisite erwähnte, die Spritze der Krankenschwester, das Essen, das es an dem Tag gegeben hatte. Ich ließ erst locker, als sie murmelte: »Ja, jetzt erinnere ich mich, heute morgen habe ich meine Spritze bekommen«, um mir am nächsten Tag zu versichern, nein, sie sei sich sicher, niemand habe sich am Vortag um sie gekümmert.

Im Moment ist Henri-Nano rund ums Bett ständig in Bewegung. Er stellt Sandkuchen und andere Leckereien auf den Tisch am Kopfende, wobei er vor sich hin brum-melt: »Du mußt dich dazu zwingen … zu essen …« Ich versuche es auf die ironische Art und Weise: »Mama mag nur hartgekochte Eier, und koscher zu essen macht es im Krankenhaus nicht gerade einfacher …« Beleidigt er-widert er, daß er alles in die Wege geleitet habe, daß sie Fisch und Gemüse bekomme, daß das Problem sei, daß sie nichts esse … Entschlossen, nicht zu polemisieren, bin ich still und warte, bis er weg ist, um mich meiner Mutter zu nähern. Henri nimmt den ganzen Raum in Beschlag, indem er von der einen Seite des Bettes zur anderen geht, ohne sein Schimpfen zu unterbrechen. Meine Mutter, schon ganz ängstlich – sie ist völlig von ihm abhängig –, sagt kein Wort. Selbst wenn sie es wollte, wäre sie dazu heute nicht in der Lage.

Endlich geht Henri zur Verabschiedungszeremonie über, die immer sehr geräuschvoll vonstatten geht. Laut schmatzende Küsse. Ich frage mich, ob sie nicht weh tun. Und wieder gute Ratschläge, wieder Vorwürfe. »So, auf Wiedersehen!« ruft er theatralisch, während er die Tür öffnet, ohne mir einen einzigen Blick zuzuwerfen. Unwichtig, ganz plötzlich hat man im Raum den Eindruck, besser atmen zu können. Leise küsse ich Fritna auf die Stirn, die Wangen, die Hände. Ich schiebe ihre Kissen tiefer, sie möchte diese unerwartete Stille offensichtlich nutzen, um ein bißchen zu dösen.

Genau in dem Moment kommt die Krankenschwester mit einem Topf herein. Ohne besondere Vorsicht nimmt sie die Bettdecke weg und schiebt ihn zwischen Fritnas Schenkel. »O nein, das darf nicht wahr sein! Schon wieder!« Die Schwester ist verärgert. »Das ist das dritte Mal, daß sie das ganze Bett einnäßt«, beschwert sie sich. – »Das erleben Sie doch sicher immer wieder bei älteren Menschen.« Meine Bemerkung, die ich recht zurückhaltend vorgebracht hatte, verschlechtert ihre Laune. Ungemütliches Schweigen. Ich befühle das Bett. Trotz der Extraunterlage ist der Urin durchgegangen.

In einem Bett, das so naß war wie das meiner Mutter heute, bin ich jahrelang aufgewacht. Verzweifelt. Ich hatte ins Bett gemacht, und ich wußte, daß Fortunée mir das nicht verzeihen würde. Denn bis ich elf oder zwölf Jahre alt war, machte ich jede Nacht ins Bett. Morgens verkroch ich mich, nachdem ich versucht hatte, das nasse Laken in den Falten der Bettdecke zu verstecken. Es ist schwierig, mein Unglück zu beschreiben. Scham, Versagen, Einsamkeit. Und beim Erwachen die Angst vor den Schimpftiraden meiner Mutter. Schon wieder Laken waschen, die Matratze in die Sonne stellen (meine Mutter benutzte ein altes hartes Wachstuch von zweifelhaftem Nutzen), was hatte sie Gott bloß angetan, daß er ihr so eine »Behinderte«, eine »Kranke« wie mich gegeben hatte ... Ob ich denn wenigstens alle Vorsichtsmaßnahmen getroffen hatte? Hatte ich zum Abendessen etwas getrunken, obwohl sie es verboten hatte? Und ob ich daran gedacht hatte, vor dem Schlafengehen noch einmal zur Toilette zu gehen?

Fritna überhäufte mich mit Vorwürfen, während es mir nicht gelang, in meinem Reich wieder Fuß zu fassen, der Schule, wo ich Klassenbeste war, beim Spiel und unter den Freundinnen, in den Träumen von der Zeit, wenn ich groß sein würde. Meine Mutter wies mich ab, gab mir die Schuld, verdoppelte meine Verzweiflung. Ich hatte mehrmals weinend versucht, ihr klar zu machen, daß ich ihre Liebe brauchte, ihr Verständnis, ihre Arme, in die ich mich schluchzend warf: »Mama, verzeih mir, ich weiß nicht, wieso das passiert, nachts.« Doch Fortunée stieß mich zurück: »Die Leute haben recht (die ganze Familie und die Verwandtschaft kannte die Geschichte dieses »Unglücks«). Wenn dein Vater morgens, wenn du ins Bett gemacht hast, strenger mit dir wäre, würdest du vielleicht ein bißchen besser aufpassen.« Was sie mit diesem »strenger sein« meinte, war, daß mein Vater mir eine besondere Tracht Prügel verpaßte, mit der Reitpeitsche; doch jene Reitpeitsche war Marcelo, dem Ältesten, vorbehalten. Sein Versagen im Gymnasium und das Fehlen jeglichen Ehrgeizes brachten meinen Vater zur Verzweiflung und machten ihn rasend vor Wut. Das schwarze Schaf der Familie. Henri hatte sich geschickt aus der Affäre gezogen. Von meiner Mutter mehr als alle anderen geliebt und verhätschelt – »der kleine Nachzügler« –, von Édouard von jeglicher Verpflichtung als Stammhalter befreit (»Nano hat eine schwache Gesundheit«, sagte er, um diese seltsame Gleichgültigkeit zu erklären), hatte Henri sich eine Kindheit und Jugend gebastelt, die ihn sogar dazu brachte, ziemlich lange zu Hause zu wohnen. Aber Édouard hatte – von ein paar Ohrfeigen abgesehen – niemals seine Töchter geschlagen. Die verschwörerische Verbundenheit, die er zu ihnen hatte, schloß jede Form extremer Gewalt aus. Er ließ sich durch die Liebe, die er für sie empfand, leiten. Obwohl er so erfinderisch und phantasievoll war, verstand er dennoch nicht so recht, wohin unsere Auflehnung führen konnte, er mißbilligte sie, ging aber nicht streng gegen sie vor. Er gab sich der Freude hin, zwei Töchter zu haben, die ein bißchen *maboula* (»verrückt«), aber intelligent und in ihn verliebt waren.

Ein wenig halbherzig schlug er vor, meinen »Fall« einem Arzt zu schildern. »Machst du dich über mich lustig, Édouard, das ist dann der dritte, der uns sagt, daß man da nichts machen kann!« Doch bevor Fortunée sich damit abfand, diesen Neuankömmling aus Frankreich zu konsultieren, dem man nachsagte, Wunder zu vollbringen, ging sie zu einer *deghaza*, einer Seherin. Diese schloß, daß ich *mejnouna* (»besessen«) sei und mich einer exorzistischen Behandlung unterziehen müsse. Eine meiner Cousinen war erfolgreich damit behandelt worden. Die Erinnerung daran – denn die ganze Familie, groß und klein, nahm an der Zeremonie teil – hatte mir Alpträume bereitet. Trommeln, die zwei Männer wild schlugen; meine Cousine, einen roten Schal in den Händen, begann sich langsam, dann schneller hin- und herzuwiegen, dann wirbelte sie in einer Art Tanz herum, wobei sie mit dem Schal auf ihren Körper einschlug; der Rhythmus wurde schneller und schneller; meine Cousine war schon beinahe bewußtlos, ihr Kopf kippte vor und zurück, ihre langen Haare fegten über den Boden, sie rollte die weit aufgerissenen Augen nach oben wie ein halb wahnsinniges Tier, ihr Gesicht war schweißgebadet, wie Windmühlenflügel drehte sie die Arme ruckartig im Kreis, der Schal lag zusammengestampft auf dem Boden; der hysterische Lärm der Trommeln; meine Cousine wankte, blind, die Haare klebten ihr auf den Augen, der Speichel hing an den Lippen, und dann, unter dem ohrenbetäubenden, wilden Jubel der Zuschauer, die der Besessenen die ganze Zeit über beistanden, fiel sie wie ein Klotz und ohne ein Wort in sich zusammen, ein vollkommen regloser Körper. Die Trance war erfolgreich, meine Damen, meine Herren, verkündete der Priester. Meine Cousine hatte die *mejnouns* (»Dämonen«), die von ihr Besitz ergriffen hatten, vertrieben.

Der Schrecken dieses Schauspiels gab mir, trotz meines großen Schuldbewußtseins, die Kraft, mich Fortunée zu widersetzen. Nein, niemals, niemals, würde ich mich dem unterziehen. Und da ich nicht damit einverstanden war, erwies sich die Teufelsaustreibung als nicht praktikabel. Meine Mutter war deswegen sehr böse auf mich und warf mir vor, daß mir dieses nächtliche Drama, das mich jeden Tag ein wenig kleiner werden ließ, gleichgültig sei.

Und dann kam ihr die alte Beduinin, die sie beim Großputz und dem Waschen der Matratzenwolle unterstützte, zu Hilfe.

Eines Morgens holte mich unsere Beduinin kurzerhand aus dem Bett und nahm meine nassen Laken. In der Tür stehend, trommelte sie die Nachbarschaft zusammen. »Sie pinkelt ins Bett, sie ist elf Jahre alt, *ahchouma* was für eine Schande!« Noch nicht ganz wach und in höchstem Maße gedemütigt, verharre ich unbeweglich, ohne ein Wort, wie versteinert. Ich halte mir die Ohren zu, um es nicht zu hören. Stille. Ich bemerke, wie die Hexe auf mich zukommt. Sie ist mit glühenden Holzstückchen bewaffnet, die sie mit einer Feuerzange festhält.

Während die Wäscherin ihren Blähungen in aller Ruhe freien Lauf läßt, zieht die alte Frau, ausgestattet mit der Information, die meine Mutter ihr gegeben hat, ihre theatralische Show ab. »Sieh dir dieses Laken an, und das, siehst du das?« »Das« ist die Glut, mit der sie mich umkreist. Sie wirft das Laken zu Boden und reißt mit einer raschen Bewegung mein Nachthemd hoch. »Weißt du, was ich tun werde?« Sie hält mich mit ihrer freien Hand an einem Arm fest; meine Mutter kommt hinzu, zwinkert ihr zu und greift dann meinen anderen Arm, zieht mich auseinander. »Ich werde dich zwischen den Beinen verbrennen, da, wo du pinkelst, wenn du noch einmal pinkelst.« Ich weine laut. »Dann kannst du nämlich gar nicht mehr pinkeln.«

Ich schlage um mich, ich habe einen Nervenzusammenbruch. Ich schreie, ich schluchze, daß ich es nicht wieder tun werde, daß ich nicht mehr ins Bett machen werde, daß ich nicht mehr schlafen werde. Ich meine mich zu erinnern, daß das Ganze plötzlich zu Ende war, wie bei einem Filmriß. Meine Mutter zieht mich mit, spricht plötzlich mit ungewohnter Sanftheit zu mir: »Du siehst, was dir passieren kann, wenn du weiter ins Bett machst. Sieh mal, du bist jetzt groß!« Ich breche zusammen, sage, von Schluchzern unterbrochen: »Es ist

nicht meine Schuld, Mama, es passiert einfach so, nachts.«
Und ich flüchte mich, ganz gierig, in ihre Arme. Einmal
(selbst nach »Fritnas Ordalien«, hatte ich später geschrieben) ist keinmal.

Ich glaube, daß ich zu jener Zeit zum ersten Mal eine
starke Todessehnsucht hatte. Und einen (erbärmlichen)
Selbstmordversuch unternahm. Trotz meines Lachens und
meiner Spiele hatte ich entschieden, daß es alles in allem zu
sehr schmerzte, unter diesen Bedingungen weiterzuleben.

Diese »Schwäche«, wie meine Mutter es nannte, hatte
natürlich ein enormes Bedürfnis an Mitgefühl in mir
geweckt. Doch bei meinen Verwandten, den »Vertrauten«
der Familie, stieß ich nur auf Ironie, Mitleid oder besten-
falls Gleichgültigkeit. »Das geht vorbei ... aber trotzdem,
die arme Fortunée ... Das ist nicht gerade lustig, ein so
großes Mädchen, das jede Nacht ins Bett macht!« Wer
also würde meine Furcht verstehen, meine Angst besänfti-
gen, die ich jede Nacht davor hatte, am nächsten Morgen
aufzuwachen?

Eines Morgens wühlte ich in dem kleinen Arznei-
schränkchen. Es war ein Geschenk für Édouard, auf das
er nicht wenig stolz war. Es stand im Eingangsbereich. Er
bewahrte darin ein Mittel gegen sein Sodbrennen und
seine Flasche Vichy-Wasser auf, aus der er täglich feierlich
ein halbes Glas trank, als sei es ein Zaubertrank. Und zwar
deshalb, weil es für die armen Einheimischen ein Wahn-
sinn, ein unerreichbarer Luxus war, Wasser zu kaufen.
»Mineralwasser ist was für die französischen Trottel«, sagte
Édouard. Mit Ausnahme des Vichy-Wassers, einem notwendigen Medikament, so hatte er verfügt. Und er war
der einzige in der Familie, der ein Anrecht darauf hatte.

Meine Mutter hatte die Arzneisäfte der Kinder, das süße Mandelöl für Verbrennungen und das Aspirin, das sie häufig nahm, in die »Hausapotheke« geräumt.

Unschlüssig stand ich vor dem offenen Schrank und fragte mich, was wohl wie ein starkes Gift wirken könnte. Nach einigem Zögern entschied ich mich für das Aspirin. Ach herrje ... Nur noch zehn Tabletten der Firma Usine du Rhône klapperten in der halbleeren Dose, die ich an mich nahm. Da meine Mutter davon nur eine oder zwei pro Tag nahm, sagte ich mir ziemlich naiv, daß ich es mit der ganzen Dose auf einmal versuchen könnte. Ich würde die Nacht abwarten, um liegend zu sterben, bereit, in der angemessenen Position. Und auch, so tröstete ich mich, um keine Schmerzen zu haben. Denn mit dem Ende des Tages bekam ich immer größere Angst. Und wenn ich litt? Und wenn es nicht klappte? Bestrafungen vielleicht ... Ich beschloß, meinen Abschiedsbrief zu schreiben. Es war erbärmlich.

Ich wollte möglichst großartig, verzweifelt klingen ... Wie im Kino. Wie Poil de Carotte in diesem Film von Julien Duvivier, in den mein Vater mich mitgenommen hatte und während dem ich ununterbrochen geschluchzt hatte. Ich saß an jenem Abend dicht neben ihm auf einer unbequemen Bank und drückte seine Hand so fest, daß es mir weh tat. »Wein doch nicht, schau, das ist nur ein Film!« hatte Édouard hilflos wiederholt. Vorstadtkino im Sommer, unter freiem Himmel. Schließlich erschien das Wort »ENDE« auf der körnigen Leinwand, auf der zwischendurch immer wieder weiße Streifen erschienen, und verschlang Poil de Carotte und seinen Leidensweg.

Nachdem ich das Buch von Jules Renard, das ich in der Bibliothek des Gymnasiums ausgeliehen hatte, gelesen hatte, murmelte ich mit klopfendem Herzen immer wieder die (gehässigen) Worte von Madame Lepic oder die Fragen des Sohnes, mit denen er (ganz schüchtern) um die Liebe der Mutter bat. Felix, der ältere Bruder, erschien mir ziemlich unscheinbar neben meinem Bruder, der das ganze Familienleben dominierte. Auch ich hatte, wie Poil de Carotte, begonnen, mich vor meiner Mutter wichtig zu machen. Vergebens. Die entstellte Zärtlichkeit unserer Kindheit wurde mit der Gefühllosigkeit der mütterlichen Worte beantwortet.

Doch diese Geschichte von Poil de Carotte half mir kaum dabei, eine erfolgreiche Methode zum Selbstmord zu finden, denn er hatte sich damit begnügt zu leiden. Also mußte ich mir das große Ende selbst ausdenken, die Worte finden, die sie auf ewig verletzen würden, all jene, die mein Leid nicht verstanden hatten und sich darüber lustig gemacht oder es ignoriert hatten. Ja, das war klar, ich wollte, daß meiner Mutter dieser Tod ein Leben lang zu schaffen machte. Wie der von André, dem kleinen verkohlten Bruder. Doch halt, hatte sie André nicht vergessen, völlig aus ihrem Gedächtnis gestrichen, jeglichen Bezug zu seinem Leben, seinem Namen, seinem Äußeren zerstört? Zweifellos würde sie mit mir genauso verfahren. Aber Édouard würde traurig sein, da war ich mir sicher. Ihm und Fortunée würde es trotzdem leid tun, daß sie die Hexe mit den glühenden Holzstückchen zu Hilfe geholt hatten. Ja, aber ... Welche Worte sollte ich wählen?

Das ganze Haus schlief, und ich blieb an meinem kleinen Tisch sitzen, wobei ich es vermied, mit dem Stuhl zu rutschen, aus Angst, meine beiden Brüder und meine Schwester zu wecken, mit denen ich das Zimmer teilte. Schließlich schrieb ich auf ein Blatt kariertes Papier, das ich aus meinem Schulheft gerissen hatte, ein paar Worte, die derart banal waren, daß sie mir erst recht Tränen in die Augen trieben: »Ich bin unglücklich darüber, ins Bett zu machen. Ich gehe. Adieu.« Schnell mußte ich die zehn Tabletten schlucken, denn ich spürte, daß meine Überschwenglichkeit nachließ. Ich hatte ein Glas Wasser bereitgestellt, um sie mit einem Löffel darin aufzulösen, was sich als schwieriges Unterfangen herausstellte. Ich hatte daran gedacht, Zucker mitzunehmen. Ich zerdrückte die Tabletten, ich rührte sie im Glas um, dennoch erhielt ich nur ein mittelmäßiges Resultat. Des Kampfes überdrüssig, unzufrieden mit der Welt, mit dem Aspirin und mit mir selbst, schluckte ich die Mischung, in der noch ganze Tablettenstückchen waren. Als erstes hatte ich starke Hitzewallungen, und ich begann sehr stark zu schwitzen. Ich mußte mich hinlegen.

Magengrimmen gefolgt von Brechreiz zwang mich, schnell aus dem Bett zu springen. In der Dunkelheit lief ich in das Schlafzimmer meiner Eltern und warf mich schluchzend auf Édouard, der wie ein Flugzeugmotor schnarchte. »Papa, ich muß mich übergeben ... Schnell, Papa, schnell.« Fritna war es, die aufstand, nachdem Édouard ihr einen Knuff verpaßt hatte, während er weiter vor sich hin schnarchte. Als sie die kleine Lampe an ihrem Kopfende anmachte, entdeckte sie mich. »Du bist ganz blaß, komm ...« Und sie begleitete mich zur Toilette. Noch rechtzeitig.

Mit leerem Magen und schwerem Kopf folgte ich brav meiner Mutter, die mich ins Bett zurückbrachte. »Was hast du in der Schule gegessen?« fragte sie mich leise. Glücklicherweise spielte sich das ganze im Halbdunkel ab. Meine Mutter hatte aus Angst, die drei anderen zu wecken, kein

Licht gemacht. Und glücklicherweise entdeckte sie meinen Abschiedsbrief auf dem Tisch nicht, wodurch er mir nun vollends grotesk vorkam. Kaum hatte sie sich bis zum nächsten Tag verabschiedet, nahm ich das karierte Blatt und stopfte es in meine Schulmappe. Ich wollte es weit weg und in absoluter Sicherheit vernichten. Was ich dann am nächsten Tag auf dem Weg zur Schule, den ich frisch und munter einschlug, tat.

Schließlich wandte sich meine Mutter an den jungen Arzt, der frisch aus Paris gekommen war. Sie hatte nicht mehr viel Vertrauen in die Ärzte. Die, zu denen sie gegangen war, hatten Hausmittel verordnet: ab dem späten Nachmittag nichts mehr trinken, jeden Abend eine große Scheibe Brot, mit Olivenöl beträufelt und grobem Salz bestreut, essen, vor dem Schlafengehen ein Fußbad nehmen … Natürlich zeigte nichts davon Wirkung.

Der Pariser Arzt dagegen versuchte, meine Mutter dazu zu bringen, mich in Ruhe zu lassen. »Sobald sie ihre Regel bekommt, hört das auf. Die Pubertät wird das Problem lösen.« Meine Mutter verstand nichts von den Veränderungen während der Pubertät und verlangte »auf jeden Fall« eine Behandlung. Also gab er mir ein- oder zweimal pro Woche eine Spritze in den Rücken, irgendein geheimnisvolles Produkt, das er als Wundermittel präsentierte. Einige Monate später wurden meine »nassen« Nächte immer seltener, und ich erlebte das berauschende Gefühl, »trocken« aufzuwachen. »Du bist trocken heute morgen«, verkündete Fortunée in den Raum hinein. Ich wurde also geheilt. Und tatsächlich fiel dies mit meiner relativ spät einsetzenden Pubertät zusammen. Später gestand uns der Arzt, daß er seine Spritze mit einem Placebo gefüllt hatte. Er versuchte, den psychosomatischen Mechanismus der Heilung meiner Mutter zu erklären, die davon kein einziges Wort glaubte. »Dieses Gepiekse, das viele Geld, um dann Wasser in seine Spritze zu füllen. Er macht sich über uns lustig!«

Ich aber merkte, wie ich langsam wieder auflebte. Ich war am Strand meiner Jugend gelandet, befreit von dem Makel und der Demütigung. »Wieder voll einsatzbereit«, schloß der Arzt. Sobald er gegangen war, stürzte ich mich auf das medizinische Wörterbuch und schlug das Wort »Placebo« nach. Zweifellos stammt aus dieser Zeit mein Interesse für medizinische Veröffentlichungen oder Artikel. Und auch für diese Beipackzettel, die man in den Arzneipackungen findet . . .

Die Krankenschwester hat den kleinen Wagen, den sie durch den Gang schiebt, aufgeräumt. Ich rücke näher ans Bett. »Mama, weißt du, manchmal bin ich unglücklich gewesen . . .« Fortunée sieht mich an. Sie versteht nicht. »Als Kind, weißt du . . .« Was soll diese Erinnerung an eine Welt, die ihr in diesem Krankenhauszimmer, in dem sie leidet, ganz fremd geworden ist?

Selbst wenn sie sich daran erinnert hätte, hätte sie ihr Verhalten gerechtfertigt. »Es war zu viel für mich, dein Bett ständig neu zu beziehen.« Und dann hätte sie sicherlich hinzugefügt, daß sie immer nur mein Bestes gewollt hatte. Ich mußte doch wieder gesund werden.

Als unsere Eltern uns später einmal Geschichten aus unserer Kindheit erzählten, habe ich die Gefahr von Unwissenheit erst erfaßt. Weder Édouard noch Fortunée hatten Angst davor, Traumata oder prägende psychologische

Schocks hervorzurufen. Sie hatten niemals etwas von der Kraft des Unterbewußten und dessen Einfluß auf die Psyche gehört. Ihrer Meinung nach bestand die Pflicht der Eltern darin, die Kinder abzuhärten, bei Bedarf zu bestrafen, gegebenenfalls mit der Reitpeitsche, so war die Regel, je nach Art der begangenen Fehler. Erklären, zuhören, mit den Kindern sprechen, das Wesen der kindlichen Seele kennen – all dies war Schnickschnack der »Franzosen«. Der kultivierten, komplizierten Leute, wollte Édouard damit sagen. Freud und die Psychoanalyse existierten nicht für die unteren Schichten im Tunesien der vierziger Jahre.

Das Prinzip, wonach ein Kind eine Persönlichkeit ist und auch als solche behandelt werden muß, war eine verrückte Vorstellung. Ein Kind hatte kein Recht auf irgendeine Erklärung. Es galt, ein Kind bestmöglich zu einem erwachsenen Menschen zu formen, und das war alles. Und zwar ohne viel Trara.

Wenn meine Mutter oder mein Vater mir immer wieder gerne die Geschichte meiner Geburt erzählten: »Ein Mädchen? Eine Katastrophe! Drei Wochen lang haben wir deine Geburt geheimgehalten . . .«, oder jene von Édouards Blinddarmoperation in letzter Sekunde, zu der es wegen des »nackten Bauches« gekommen war, weil ich ihm die Decke weggenommen hatte – sie waren sich des Schadens, den sie anrichteten, nicht bewußt.

In diesem Punkt waren sie absolut arglos. Psychoanalyse oder auch einfach nur psychologisches Einfühlungsvermögen, dieser Kram, ebenfalls Erbe der weit entfernten zivilisierten Länder, fand in unserem Haushalt keine Aufnahme.

Doch hätte meine Mutter mich trotz dieser Unwissenheit nicht einfach nur lieben können?

Manufô, das Goi-Kind

Manufô – die für unsere Familie typische neujapanische Übertragung seines Kosenamens Manu sowie die Anspielung auf seinen Namen Faux – ist mein jüngster Sohn, der »Radiomann« der Sippschaft, Emmanuel. Er möchte, daß wir heute zusammen ins Krankenhaus gehen, um seine Großmutter zu besuchen. Am frühen Abend, so gegen 19 Uhr. Fortunée geht es nicht gut. Er will unbedingt die Montage seines Beitrags zu Ende bringen, der am nächsten Tag früh gesendet werden soll. »Was sagen die Männer in den weißen Kitteln?«

Mich hat die große Verbundenheit Manus zu seiner Großmutter immer erstaunt, fast verwundert. Denn als Sohn eines Vaters, der ein *Goi*, also ein Nichtjude, ist, wurde er nicht beschnitten. Für Fortunée drohte der Fremde, um nicht zu sagen der Feind, die Oberhand zu gewinnen. Nachdem sie darauf verzichtet hatte, die Beschneidung von Claude, dem Schwiegersohn, zu fordern, kämpfte sie für die der Enkelsöhne. Sie ließ kein Argument aus. Es sei, sagte Fortunée, eine *Mizwa*, eine fromme Handlung, die die Ungläubigen der Gnade Gottes näherbringe. Sie gab schnell auf, als sie merkte, wie wenig Eindruck diese Aussicht auf Claude und mich zu haben schien. »Und die

›schmutzigen‹ Krankheiten?« Meine Mutter benutzte niemals Wörter, die mit Sex zu tun hatten, sie sagte also weder »Geschlechtskrankheiten« noch »Sexualkrankheiten«, und erst recht nicht beispielsweise »Tripper«. Sie zog es vor, diese Sache moralisierend als schmutzig und schändlich abzutun. »Du meinst eine mögliche Vorhautverengung?« »Was weiß ich?« Sie wurde wütend, denn sie haßte es, wenn man sie dazu zwang, präziser zu werden. Es war das gleiche mit dem Aberglauben. Sie präsentierte ihn uns jedesmal als das unausweichliche Gesetz, das sich jedem Versuch widersetzte, es mit Hilfe des Verstands zu widerlegen. Ein Aberglaube wird nicht erklärt, nicht näher beschrieben, man hat ihn vor sich, wie einen riesigen monolithischen schrecklichen Block, den man unmöglich überwinden oder beiseite schieben kann. Zum Beispiel macht es unfruchtbar, wenn man während seiner Regel badet oder rennt. Wie das? Warum? Der genaue Vorgang sei unbekannt – und im übrigen sei es ratsam, lieber nicht danach zu fragen –, doch die Strafe unausweichlich.

Was die Vorhautverengung betraf, wies ich sie darauf hin, daß gegebenenfalls immer noch genügend Zeit war, Manu beschneiden zu lassen. In einem Krankenhaus und von einem Chirurgen. »Wenn das nicht der Rabbiner macht, nutzt es nichts!« wiederholte Fritna. Manufô, ein kleines, pausbäckiges Baby, gewann seine erste Schlacht. Doch seine Großmutter gab sich nicht so schnell geschlagen. Sie suchte nach anderen Argumenten. Manu war mit einem leichten Schielen zur Welt gekommen, das, so versicherte sie, nur mit dieser verfluchten Vorhaut zu tun haben konnte. »Du wirst es sehen, wenn der Rabbi ihn beschneidet.« Sie hob die Arme Gott entgegen: »Es wird wie ein Wunder sein, seine Augen werden vollkommen gerade, er wird einen wunderbaren Blick haben!« Gott, wie immer.

Dennoch betrachtete Fritna Manu sehr wohl als ihren Enkelsohn. Wie ihre beiden älteren Enkelsöhne nahm sie ihn von Zeit zu Zeit in den Ferien zu sich, sobald er auf seinen Beinchen stehen konnte. Doch sie kam ständig auf diese Belastung zurück. »Ich versichere dir, wenn ich ihn wickle und dieses nicht beschnittene ... sehe (hier kam immer eine Lücke der Selbstzensur, da meine Mutter dieses nur unfreiwillig identifizierte Körperteil nicht benannte), fühle ich mich ganz schlecht ...« Da ich ihr deutlich zu machen versuchte, daß das Wesentliche doch sei, daß sie ihn wie ihre anderen Enkel liebte, antwortete sie: »Du verstehst nicht, ich empfinde so was wie Ekel, ich möchte mich übergeben, ja, das trifft es, mich übergeben ...«

Die Sache gab sich, als Manu nach einer Operation durch einen guten Augenarzt nicht mehr schielte und kein Grund mehr bestand, daß er »verändert« wurde. Doch die Schlacht war erst endgültig gewonnen, als meine Mutter, Tochter eines Rabbiners, einen Rabbiner aufsuchte. Die Antwort schien sie zu beruhigen, wenn auch nicht völlig zufriedenzustellen. Da Manu von einer jüdischen Mutter abstammte, so die Heiligen Bücher, war er kein *Goi* mehr, obwohl sein Vater einer war. Woran erkannte man eine jüdische Mutter? Die Frage schien frech. »Na, schau, deine Eltern, dein Großvater, ein bekannter Rabbiner.« Ja, aber da es weder Beschneidung noch *Bar Mizwa* (eine religiöse Weihe, die Jungen vorbehalten ist und vor der Pubertät vollzogen wird), noch sonst ein Sakrament für die Mädchen gibt ... Und was bedeutete fehlender Glaube oder das Praktizieren der Religion ... Fritna haßte diese Diskussionen. Äußerst schlecht gelaunt, nannte sie mich gottlos und warnte mich einmal mehr, daß Gott mich innerhalb einer Sekunde in einen Haufen Asche verwandeln könne. Die bewährten alten Mittelchen, mit denen sie uns gedroht hatte, als wir Kinder waren.

Was Édouard betraf, liebte er Manu vorbehaltlos. Für ihn war er, ob nun ein *Goi* oder nicht, der dritte Sohn seiner Tochter, der Verrückten, der Lieblingstochter.

Der große Altersunterschied zu den Brüdern − zwölf Jahre zu Jean-Yves − gaben dem Großvater die Gelegenheit zu einem echten Comeback. Er kramte noch einmal die Figuren und Geschichten aus seinem Gedächtnis hervor, die er sich zur großen Freude der beiden Älteren ausgedacht hatte. Wieder betete er die Abenteuer *Schahs*, des tunesischen Dussels, herunter, oder das Verschwinden des Herrn *Santa Karamustapha* zwischen dem Bahnhof von Nizza und dem Hotel Négresco.

Doch Manu? Obgleich er sich des kleinen »Unterschieds« und seiner möglichen Folgen auf die Gefühle seiner Großmutter bewußt war, hing er sehr an Fritna. Ich hatte es meiner Mutter ein bißchen übel genommen, daß er für sie nicht einfach ein Enkelsohn wie jeder andere war, und daher empfand ich seine große Zuneigung ihr gegenüber als um so rührender. Ich freute mich darüber wie über ein unerwartetes Geschenk.

Eines Freitagabends im Winter 1996 − ich greife der Erzählung hier vor − aß die ganze Familie zusammen zu Abend. Wir nannten dieses wöchentliche Abendessen das Essen der Halimi-Faux-Sippe! Meine drei Söhne, meine Schwiegertochter, meine beiden Enkelkinder. Claude und ich teilten uns die Arbeit. Ich bereitete eines dieser Gerichte zu, das die ganze Mannschaft sich wünschte – ein Couscous oder ein Lamm-Tajine, ein nordafrikanisches Ragout –, und trug, wenn nicht genug Zeit war, die Zubereitung des Nachtisches der Haushaltshilfe auf, die ihre sagenhafte Mousse au chocolat für uns machte. Claude wählte den Champagner aus. Das gute Essen, »mit Liebe gemacht«, das eine willkommene Abwechslung zu unseren belegten Broten und schnellen Snacks unter der Woche war, der herzliche und lebhafte Austausch unter lärmenden Intellektuellen, die wir nun einmal sind, die faszinierende Fröhlichkeit der Kinder – diese Ingredienzen sorgten im allgemeinen für einen gelungenen Abend.

Immer wieder unterbrochene, aber leidenschaftliche Gespräche. Würde Jean-Yves, der Anwalt, es schaffen, die Geschichte über seinen Prozeß zu Ende zu erzählen, oder Kamoun seine empörte Kritik an irgendeiner Bericht- erstattung, oder Manu seinen Bericht vom letzten Inter- view irgendeines wichtigen Politikers? Ziemlich unwahr- scheinlich.

In dem lauten Geschrei bemüht sich jeder, mit vollem Mund, etwas einzuwerfen. Maud, meine dreieinhalbjäh- rige Enkelin, müht sich mit einer lobenswerten Energie und von »Trampolino!«-Rufen begleitet, das Sofa ein- zudellen. Mein Enkel Édouard, dreizehn Monate alt und nach seinem Großvater Édouard dem Zauberer benannt, übt sich in Selbständigkeit und versucht unsicher, alleine zu gehen. Und das Unvermeidliche wird normal: Obwohl der ganze Kleinkram, Bücher, Gegenstände in Reichweite seiner Hand in Sicherheit gebracht wurden, zieht Édouard am Zipfel einer Tischdecke, am Kabel einer Lampe. »Édouard hat was angestellt«, petzt Maud. Wir halten inne: »Édouard, faß das nicht an, Vorsicht ...«, und gleich darauf geht das Gespräch mit derselben Leidenschaftlichkeit weiter. Eine Eigenart der Familie.

Dann kommt das Zeichen, das eine gewisse Ruhe ankündigt. Ich klatsche in die Hände, »*thé ben nana, thé ben nana!*« Der Minztee ist Teil des Rituals dieser Abende. Auf Hockern sitzend, beobachten meine Enkelkinder jede meiner Bewegungen. Flankiert von Maud und Édouard, mische ich den Tee mit Rohrzucker (Maud weiß heute perfekt das Rezept, wie viele Löffel Tee, wieviel kochendes Wasser), und sie nehmen die Minzblätter. Sie wetteifern, wer mehr davon in die Teekanne tut. Ich helfe dem kleinen Édouard ein bißchen beim Schummeln, und schon sind die beiden wieder im Wohnzimmer und schreien: »Ruhig! Ruhig! Es gibt *ben nana*-Tee! Es gibt *ben nana*-Tee ...«.

In die Sofas versunken und in hitzigen Diskussionen, findet das Tablett kaum einen Weg durch die Eltern und Onkel. Sie halten allenfalls für eine kurze Gefechtspause inne. Ich selbst hocke mich auf den Teppich. Mit der großen Geste meiner Vorfahren, indem ich die Teekanne zuerst sehr hoch hebe, dann tiefer halte und das Auf und Ab dann mehrmals wiederhole, gieße ich das Getränk von magisch hellem Farbton in die bunten und vergoldeten Gläser, um die ich in einem Suk gefeilscht habe. Der Duft der gezogenen Minze umhüllt uns.

Genau in diesem Augenblick wendet sich Manu an seine Brüder. »Wißt ihr, wohin ich heute gegangen bin?« Alle raten. Kein Glück. Wir kommen nicht drauf. Er schweigt. »Na los, jetzt sag es uns schon!« Ich merke, daß er plötzlich eine sehr ernste Miene hat, eine, die irgendwie nicht zu dem Abend paßt. »Nach Bagneux«, sagt er, und ein wenig leiser: »Oma besuchen«. Großes Schweigen. »Auf den Friedhof?« Kamoun ist es, der murmelnd hinzufügt: »Stimmt, heute ist ihr erster Todestag ...« Tatsächlich, der erste Jahrestag von Fortunées Tod. Keiner hatte daran gedacht. Weder ihre Kinder noch ihre Enkelkinder. Eine Methode, dem Tod nicht zuviel Macht zu lassen, und vor allem nicht jene, die Erinnerungen zu beherrschen. Sondern ihnen Freiraum zu geben, ihnen in uns freien Lauf zu lassen, in jedem Augenblick, ob er nun traurig oder fröhlich ist.

Doch »Klein-Manu«, wie seine Brüder sagten, hatte daran gedacht. Und wie es seine Gewohnheit ist, ohne jemandem etwas davon zu sagen. Er hatte Blumen gekauft – »Nelken, die mochte sie« – und hatte am Grab seiner Großmutter seinen Erinnerungen nachgehangen. Und er wird, mit der größtmöglichen Diskretion, an jedem 23. Januar am Treffpunkt sein.

Es ist 19 Uhr. Diese bereits stockfinstere Nacht kommt mir kälter als die anderen vor. »Du wiederholst das doch an allen Abenden in jedem Winter«, antwortet Manu, der gerade ins Krankenhaus gekommen ist. Nein. Nicht heute, nicht gestern. Ich empfinde diese Tage als bedrohlich, als unheilbringend.

Manu fährt. Da er den Mund nicht aufmacht, rede ich über eine Radiosendung vom Vorabend, in der es um den (schlechten) Gesundheitszustand von François Mitterrand ging, dem Präsidenten am Ende seiner Amtszeit. Er verfügt über Luxus und die Wissenschaft, er wird lange durchhalten. Aber Fortunée? Die Krankenschwester findet es schon fast anstößig, eine fünfundachtzigjährige Frau zu pflegen. Manu antwortet nicht, er erteilt mir freundlich eine Abfuhr und fällt in sein Schweigen zurück – wie er es häufig macht, wenn er beunruhigt ist und sein Gegenüber versucht, ihn abzulenken.

Während er parkt, gehe ich zum Aufzug. Ein Rollwagen, der eine Patientin und ihre Infusion transportiert, versperrt mir den Weg. Die Frau stöhnt leise vor sich hin. Ab einem bestimmten Alter nimmt ein derartiger Anblick mit einer beängstigenden Realität die Zukunft eines jeden vorweg. Ich wende die Augen ab.

»Mama!« Ich schreie fast. Ich kann nicht anders. Meine Mutter ist leichenblaß und wirkt leblos. Nicht die kleinste Bewegung, nicht das kleinste Zeichen, als ich komme. Als auch Manu an ihrem Bett ist, hat sie die Augen noch immer geschlossen, das Gesicht ist eingefallen, mit zwei Löchern an Stelle der Wangen und einem herabhängenden Kinn. Extrem tiefe Augenränder. »Sie hat doch immer diese Müdigkeitserscheinungen, das weißt du ja.« Ich sage das in Panik und weil Manu, blaß und regungslos, fast am Ende seiner Kräfte zu sein scheint. Vergeblich klingle ich voller Verzweiflung nach einer Krankenschwester. Haben diese Klingeln überhaupt irgendeinen Nutzen? Hören Sie sich einmal in Ihrem Bekanntenkreis um. Alle, die schon im Krankenhaus gewesen sind und versucht haben, eine Schwester zu rufen, werden Ihnen vom Alleinsein und ihrer Empörung berichten.

Manu hat das Zimmer verlassen auf der Suche nach einem menschlichen Wesen, das helfen kann. »Mama, Mama, sag etwas …« Fortunée, mit versteinerter Maske, reagiert nicht. »Mama, hörst du mich? Manu ist hier.« Genau in dem Moment kommt er in Begleitung einer Aushilfe zurück. Die schlecht gelaunt ist. Sie schimpft vor sich hin, daß sie nicht überall sein könne, daß meine Mutter nur klingeln müsse, daß der Assistenzarzt noch nicht dagewesen sei und sie deshalb nichts Genaues wisse. »Geben Sie ihr Sauerstoff, das hilft ihr.« Verärgert fügt sie sich – mit welchem Recht diese Anordnungen? Manu schaut zu, mit hängenden Schultern. Die Erschütterung lähmt ihn. Er hat seine Großmutter niemals zuvor in diesem Zustand gesehen. Trotz der Bemühungen der Pflegerin rührt sie sich nicht. Als der Schlauch richtig sitzt, bewegt sie ein wenig den Kopf. Trotz der vorgerückten Stunde beschließe ich, mich auf die Suche nach einem Assistenzarzt zu machen, einem Arzt im Praktikum, einer Nachtschwester, nach jemandem, der zumindest rudimentäre medizinische Kenntnisse hat, um in diesem Notfall zu helfen.

Glücklicherweise ist der Assistenzarzt, der meine Mutter betreut, in seinem Büro. Er arbeitet an einer Akte, ich sehe ein Blatt mit Kurven und Zahlen verschwinden. »Herr Doktor, es geht ihr schlecht, sie sagt nichts.« Höflich wie immer, hat er sich bei meinem Eintreten erhoben. »Seit gestern«, bestätigt er, »geht es bergab.« Die Nacht war schlecht, mit einigen Anfällen von Atemnot, das Herz wird schwächer. »Aber bei ihrer Mutter ist es ein ständiges Auf und Ab.« Wir gehen zusammen an ihr Bett. Manu scheint sich nicht gerührt zu haben. Vom Bettende aus starrt er in das Gesicht seiner Großmutter. Der Sauerstoff hat Wirkung gezeigt. Fortunée bewegt sich leicht und murmelt vor sich hin. Der Arzt mißt ihren Blutdruck (»ziemlich niedrig«, sagt er), horcht sie kurz ab und ruft dann über Handy – oder war es ein Funkgerät? – die Nachtschwester. Sie soll eine oder zwei Spritzen, ein paar Tabletten, ein Schmerzmittel verabreichen. Er grüßt, geht davon, das Leben eines Arztes im Krankenhaus. Wie halten sie das aus? Wie schaffen sie es, dieses ständige Schauspiel von Krankheit, von Todeskampf zu überstehen? Durch Abhärtung? Durch Philosophieren? Indem sie mitleiden?

Die Nachtschwester spricht von einer Nacht, die schwierig werden kann ... und sogar ... Ich unterbreche sie. »Soll einer von uns bei ihr bleiben?« Das meint sie damit. Manu, der kein Wort gesagt hat, schaut auf seine Uhr. »Ich mache sowieso das Morgenjournal, ich kann also bleiben. Aber ich werde so gegen 3 Uhr gehen.« Da ihre Bettnachbarin mittlerweile gegangen (oder gestorben?) ist, hat meine Mutter endlich ein relativ großes Zimmer für sich allein. Manu ruft Kamoun an. Kamoun wird den Rest der Nacht übernehmen. Und ich selbst würde um 8 Uhr wieder hier sein. Doch schon um 6 Uhr würde ich anrufen. Das Ganze ist schnell organisiert, innerhalb von ein paar Minuten.

Meine Mutter erkennt uns noch immer nicht und döst vor sich hin. Die Schwester hat ihr gerade eine Spritze gegeben und beobachtet sie aus den Augenwinkeln.

Durch die offene Tür hören wir wiederholtes Klingeln. In der Nacht der Kranken gleicht alles dem Tod. Als es entschiedener, mit mehr Nachdruck klingelt, verläßt die Schwester den Raum, um ins Nebenzimmer zu gehen.

Fortunées Gesicht entspannt sich, ihre Lippen sind nicht mehr so verkrampft, ihr Kopf neigt sich leicht zur Seite. Ein paar graue und weiße Haarsträhnen fallen ihr übers Ohr, ich streiche sie mit den Fingerspitzen an die entblößte Stelle des Schädels zurück, ihr Mund öffnet sich, einem klaffenden Loch gleich.

Meine Mutter hatte lange vor ihrer Krankheit aufgehört, sich zu pflegen. Sie hatte immer alles, was in irgendeiner Weise Schönheitspflege war – den Friseur, die Nachtcreme, später den Büstenhalter und den Zahnarzt –, als »nutzlos, teuer, einen Luxus der Franzosen« abgetan. War das Ablehnen von Häßlichkeit, das Bemühen um Ästhetik eine Sünde gegen Gott?

Seit einer halben Stunde ist Manu weg, um seinen Kulturbeutel zu holen. Das Zimmer scheint sich, ebenso wie dieser ganze Flügel des Krankenhauses, auf einen nächtlichen Ausflug begeben zu haben. Völlige Stille, eine Art Atempause. Durch eine offene Tür hört man jemanden schnarchen. Im großen und ganzen ist alles in Ordnung, denn sogar Fortunée, die wieder etwas mehr Farbe hat, schläft ruhig. Es ist spät geworden, ich muß nach Hause, Manu ist endlich zurück. Er legt seine Sachen auf das Bett, das für diese Nacht seines sein wird. Ich küsse meine Mutter, die sich nicht rührt. »Bis morgen, mein Großer, ruf mich an, wenn es irgendein Problem gibt.« Dann gehe ich zur Tür.

Am Ende des Ganges stoße ich auf die Nachtschwester. Ich nutze die Gelegenheit, um ihr nochmals einzuschärfen, häufiger die Runde zu machen. Droht diese Nacht nicht besonders gefährlich zu werden? Zum Glück scheint meine Mutter jetzt in einer besseren Verfassung zu sein als bei meiner Ankunft. »Ja, aber wissen Sie, das kann in einer oder zwei Stunden wieder von vorne losgehen«, erklärt die Nachtschwester. Ich sage ihr, daß mein Sohn die Nacht bei seiner Großmutter verbringen und mich anrufen wird, sobald es die Situation gebietet. »Sie sollten besser Laken mitbringen für diese Nacht.« Laken? Manu hat doch schon alles für sich vorbereitet, die Pflegehelferin hat ihm ein Decke gebracht, ich glaube, das reicht. Die Nachtschwester schweigt befangen. Sie ist groß, um die fünfzig, sehr faltig und hat eine Brille mit runden Gläsern, die schöne blaue Augen verstecken. »Die Laken«, macht sie einen neuen Versuch, »ich meine für diese Nacht.« Und da ich noch einmal sage, daß Manu eine Decke sehr wohl reicht, wird die Krankenschwester deutlicher: »Falls etwas passiert ... mit ihrer Mutter ... man kann nie wissen.« Nein, also wirklich, ich verstehe nicht, was sie mir sagen will ... Inwiefern wären die Laken im Notfall von Nutzen? Da lese ich in diesen blauen Augen, auf die ich meinen Blick richte, die Antwort, die inakzeptable Antwort. »Falls ihre Mutter diese Nacht verscheidet.«

Das letzte Wort »verscheidet«, flüstert sie. Das zweifellos leichter über die Lippen geht als »stirbt« oder »verreckt«. »Verscheidet«, das schafft Distanz, und es klingt irgendwie respektvoller. Als ob der Tod das sein könnte, respektvoll.

»Hören Sie, es geht ihr besser, der Assistenzarzt hat sie gesehen.« Ich bemühe mich vergeblich, mein Ton klingt zweifelsohne aggressiv. »Ohnehin, was sollen die Laken?« Die Nachtschwester, die sich angesichts meiner Unwissenheit sichtlich unwohl fühlt, macht eine Handbewegung. Mit beiden Händen deutet sie an, daß sie etwas verpackt, einrollt und umhüllt.

Dieses ganze Theater also, um mich zu bitten, schon mal *im voraus* das Totentuch meiner Mutter zu bringen. Ich stoße die Nachtschwester mit der Hand weg. »Sie werden keine Laken brauchen. Gleich morgen früh werde ich kommen, um meine Mutter zu besuchen.« Ich beherrsche mich soweit wie möglich. Ich hätte schreien oder die Schwester schlagen mögen. Ohne mich noch einmal umzudrehen, nehme ich den Aufzug.

Eine Löwin, die ihr Junges verteidigt

Am nächsten Morgen rufe ich gleich um 7 Uhr im Krankenhaus an. Nach einer halben Stunde erfolgloser Versuche – erst klingelt es ewig, und dann kommt das Besetztzeichen – habe ich schließlich eine Pflegerin am anderen Ende der Leitung. Sie wisse von nichts, außerdem kümmere sie sich um den anderen Gebäudeflügel und sei nur zufällig vorbeigekommen. Ich bin hartnäckig, ich will mit jemandem von Gang B sprechen. Erneutes Warten. »Legen Sie nicht auf.« Das Telefon wird auf einen anderen Apparat umgestellt. »Hallo, Mama?« Es ist Kamoun. Er wolle gerade zur Universität aufbrechen, wo er unterrichten müsse. »Sie hat eine sehr schlechte Nacht gehabt, sie ist mehrmals aufgewacht.« Ich spüre seine Bestürzung, er hat eine ganz belegte, ausdruckslose Stimme und spricht in kurzen Sätzen. In schwierigen Momenten hat er es schon immer mit Gelassenheit versucht. Es gelingt ihm recht gut. Doch die Oma, die der Sonnenschein seiner Kindheit war, wird sterben; die Aufgabe ist schwierig. »Sie hat viel geröchelt, man konnte meinen, sie erstickt.« »Ich werde den Nachmittag über bei ihr sein.« »Wie, du kommst nicht heute morgen?« »Nein. Unmöglich. Ich habe einen vollgepackten Vormittag, jede Dreiviertelstunde ein Termin ...« »Du wirst sie ja wohl trotzdem nicht allein lassen? Richte es irgendwie ein!« Ich führe mildernde Umstände an. »So oder so sind Besuche vormittags nicht erlaubt.« Er schimpft. »Nicht erlaubt, nicht erlaubt ... Du könntest darauf bestehen ...« »Das Waschen, die Pflege, die Schwestern mögen es nicht, wenn man ihnen im Weg steht.« Kamoun beendet die Diskussion: »Mach, was du willst«. Ich versuche, ihn zu beruhigen, ich werde jede Stunde anrufen und warten, bis der Oberarzt kommt, um mit ihm zu sprechen. »Sei unbesorgt, geh zu deinem Unterricht.«

Ich denke, daß Jean-Yves, der Älteste, uns hätte ablösen können. Doch er hat seine Großmutter seit fast zweieinhalb Jahren nicht gesehen. Er fragt regelmäßig nach ihr und nimmt sehr viel Anteil. Seit sie sich geweigert hat, ihre Urenkelin in dem Film zu sehen, den er für sie aufgenommen hatte, hat er jeglichen Kontakt abgebrochen. Ein totaler Schnitt. Das Erstaunliche ist, daß Fortunée sich nie darüber gewundert hat, daß sie nie mehr die Existenz ihrer Urenkelin erwähnt hat oder die von Jean-Yves, den sie immerhin besonders geliebt hat, als erster Enkelsohn, der Erstbeschnittene.

Mein erster Termin. Frau R. begleitet ihre Tochter Gaëlle. Sie sind aus der Bretagne gekommen, um ein paar Ratschläge zu bekommen. Gaëlle und Yan haben eine kleine Tochter, Yannick, heute drei Jahre alt. Yan ist Seemann. Nachdem sie ein paar nicht gerade harmonische Monate zusammengelebt hatten, trennten sich Gaëlle und Yan. Sie waren nicht verheiratet. Es kommt zum Prozeß. Gaëlle ist erziehungsberechtigt und hat das Sorgerecht für Yannick. Yan hat das klassische Besuchs- und Umgangsrecht. Die

Sache entwickelt sich zu einem Drama, als Gaëlle nach Yannicks Besuchen bei ihrem Vater brennende rote, schmerzende Stellen an den Schenkeln und dem Geschlecht des Kindes entdeckt. Gaëlle spricht von Inzest. »Nein«, sagt Frau R., »das ist Vergewaltigung.«

Heute morgen fällt es mir schwer, mich in meine Rolle als Anwältin einzufinden. Dennoch muß ich es, und zwar voll und ganz. Doch Fortunée geht es schlecht, Fortunée wird sterben. Ich bin hier, wie jeden Tag, sitze zwei Frauen gegenüber, die Hilfe und Rat von mir erwarten. Und dennoch bin ich ohnmächtig, zu nichts zu gebrauchen, denn meine Mutter wird sterben. In Gedanken bin ich immer noch bei ihr, ich flehe: »Mama, geh nicht, bleib, bleib bei mir . . .« Ich klammere mich an diese Bitte, ich will nicht, daß sie geht, ohne daß wir uns geliebt haben, ohne daß diese Kindheit ohne Liebe aus der Welt geschafft wurde.

»Frau Halimi, verstehen Sie uns . . .« Frau R. hat lauter gesprochen. Hat sie gemerkt, daß ich mit den Gedanken woanders war? Oder habe ich unbewußt mein Gebet vor mich hin gemurmelt?

Mein Blick geht von der Mutter zur Tochter, von der Tochter zu den Wänden meines Arbeitszimmers. Sie sind mit Kork tapeziert, dämpfen die Stimmen, die Stöße, vielleicht auch die Gefühle. Es scheint mir, daß es ein wenig hilft, die Angst zu verlieren, wenn man mit den Augen dem Schnecken- und Labyrinthmuster folgt, die Angst in diesen mäandrierenden Formen ruhigstellt. Auf meinem Schreibtisch − ein zweihundert Jahre alter Bauerntisch, dessen herzliche Kameradschaft ich seit vierzig Jahren spüre − bleibt mein Zettel leer, ich mache mir fast keine Notizen, es reicht mir, alles im Kopf zu haben.

»Ich bringe es nicht über mich, meiner Tochter nicht zu helfen, Sie verstehen ... selbst wenn sie Dummheiten gemacht hat.« Der barsche, direkte Tonfall von Frau R. gefällt mir. »Und was meine Enkelin angeht, wissen Sie, wir kümmern uns um sie. Ich habe die Spuren auch gesehen.« Sie berichtet mir von ihrem Widerstand gegen Gaëlles Idylle, sie habe von Anfang an gewußt, daß dieser Seemann seltsame Gewohnheiten hatte. Woher habe sie es gewußt? Ich bin wieder einsatzfähig. Ohne mehr Gewißheit macht man aus einem Mann nicht einfach einen Sexualverbrecher. Als Gaëlle den ersten Besuch beim Hausarzt der Familie und den Wortlaut der ausgehändigten Bescheinigung – die ich für meinen Teil zweideutig finde – anführt, läßt Frau R. sie nicht aus den Augen. Sie verfolgt ihre Worte genau, sie nickt zustimmend, sie deutet winzige Gesten an – der perfekte Zusammenhalt zwischen einer Mutter und ihrer Tochter. Diese Tricks entgehen mir nicht. Ich beobachte, wie sie ihre Tochter ansieht. Die Liebe, das Mitgefühl, der Wille, mit ihrer ganzen Kraft, mit ihrem vollen Einsatz gegen diese Bedrohung vorzugehen. Eine Löwin, die ihr Junges verteidigt. Eine Mutter, die außer sich ist, was sich in ihrem ganzen Auftreten ausdrückt. Eine Mutter, die bereit ist, sich aufzubäumen, zu handeln. Nicht das kleinste Anzeichen eines Vorwurfs trotz der »Dummheit, die Gaëlle machte, als sie sich mit einem solchen Mann zusammentat, zum Glück hat es nicht lange gehalten ...«

Fortunée sprach von Gaby wie von einer Hure, die nicht einmal verheiratet sei, die als Mädchen Mutter wurde ... ihre Kinder Bastarde. Eine Kriminelle, die Schande über eine ehrenwerte Familie gebracht habe. »Sie hat uns in den Schmutz gezogen«, sagte sie immer wieder. »Eine

Hure!« Und mit einem einzigen Satz hatte sie ihre Tochter aus ihrem Leben gestrichen, für immer ausgeschlossen. »Sie gehört nicht mehr zur Familie.« Hatte Fortunée darunter gelitten? Nur schwer vorstellbar. Gaby war plötzlich aus unserem Blickfeld verschwunden, und das Leben ging weiter wie zuvor. Fortunée hatte nie versucht, sie wiederzusehen oder etwas über sie zu erfahren. Ich erinnere mich sogar daran, daß sie die Bemühungen einer Freundin abgeblockt hatte, die versuchte, die Fäden wieder ein ganz klein wenig zu knüpfen. Keine Chance. »Für mich ist sie gestorben!« Und sie ging davon aus, daß Édouard ebenso dachte, der heimlich versuchte, seine brünette, verrückte Gaby wiederzusehen, nachdem die erste Wut verflogen war und er seine Nummer als Maulheld abgezogen hatte. Dieses riesengroße Geheimnis mußte auf jeden Fall gewahrt bleiben, andernfalls könnte Fortunées Wut schrecklich werden.

Doch warum haben wir, Gaby und ich, nicht eine Frau R. zur Mutter gehabt? Warum hat unsere Mutter uns nicht geliebt? Sie glaubte nicht an uns, an unsere kleinen Revolten. Sie verurteilte unseren Agnostizismus. »Du achtest nichts«, sagte sie zu mir, »weder deine Religion noch unsere Tradition, noch deine Familie.« An manchen Tagen bezeichnete sie mich als »gesetzlos«. »All das hilft gar nichts: Ich habe so gelebt, meine Mutter hat so gelebt, meine Großmutter hat so gelebt, du wirst so leben.« Ich stritt das voller Empörung ab. »Nein, niemals!« Als Kind hatte ich noch nicht verstanden, daß man, wenn man sein eigenes Leben nicht in Frage stellt, nur das weitergeben kann, was man bekommen hat. Ich hatte mich bereits dafür entschieden, dieses Joch der Ungerechtigkeit und der Diskriminierung, nur weil man ein Mädchen ist, zu bekämpfen. Ohne es zu wissen und noch sehr jung, wurde ich eine Feministin. Dieser Feminismus verschaffte mir einen gewissen inneren Einklang mit mir selbst, er war die Antwort auf mein Verlangen nach Freiheit, nach Würde, aber auch nach fundamentalen Gewißheiten. Ich wollte meinen Teil an Verantwortung neben den Männern übernehmen, ich wollte meine Zukunft gestalten, sie mir selbst aussuchen. Ich würde studieren, ich würde arbeiten, ich würde für meine finanzielle Unabhängigkeit sorgen. Niemals würde ich die Frau eines Édouard sein, der mir jeden Morgen ein paar Geldstücke gäbe, über die ich abends Rechenschaft ablegen müßte. Heiraten war in meinen Plänen übrigens nicht vorgesehen. Hatte Fortunée diesen Bruch mit allem, was ihre Welt, ihre Erziehung, ihr Schicksal war, als einen persönlichen Bruch mit ihr selbst empfunden? Sollte ich meine Freiheit mit dem Verlust ihrer Liebe bezahlen? Sicher, wenn ich Grund hatte, mich zu wehren, dann war sie im Unrecht, als sie sich unterordnete. Für sie bedeuteten meine Entscheidungen zweifellos, daß ihr Leben rückblickend als nichtig entlarvt wurde. Und ihre emotionale Starrheit hatte das übrige getan.

Frau R. wiederholt ihre Frage. »Wie denken Sie darüber, Frau Halimi? Wir müssen ihn anzeigen, oder?« Sie war fertig mit einem Bericht, den ich nicht unterbrochen hatte, weil ich damit beschäftigt war, vor meinem inneren Auge den Film meines Lebens, die Geschichte eines ungeliebten Kindes abzuspielen. Eindeutig eine Geschichte für Erwachsene. »Von wegen Besuchsrecht, ich möchte ihm die Kleine nicht mehr geben.« Gaëlle sieht ihre Mutter bestimmt und eindringlich an. Als suche sie nach Schutz und Zuflucht, was ihr doch im Übermaß gewährt wird. Und mit einemmal beginnt sie zu weinen. Ich bin an diese Momente, in denen die Frauen zusammenbrechen, fast schon gewöhnt, Opfer der Zwänge unserer Zeit, die eine Art Wendepunkt darstellt. Ich stehe auf und lege meine Hand auf Gaëlles Schulter. Ich erkläre ihr, daß sie sich mit der Zeit immer stärker fühlen wird in ihrer Rolle als verantwortliche Mutter, und daß sie immer mehr in Einklang mit sich selbst sein wird. Doch die Stunde der Entscheidungen, die immer schwierig ist, verletzt ein hilfloses Wesen. »Sie werden sehen, Gaëlle ...« In diesem Moment steht auch Frau R. auf, die geschwiegen hatte, wie gelähmt von der Verzweiflung ihrer Tochter, und nimmt sie an den Schultern: »Mein kleines Mädchen, mein kleines Mädchen, jetzt weine nicht ... du wirst sehen, ich bin da ... ich helfe dir ...« Sie flüstert in ihre Haare, sie umarmt sie sanft, »weine nicht ...«, ihr Körper verschmilzt mit dem ihrer Tochter, in der Not zusammengeschweißt.

Ich werde ganz verlegen und unterlasse meinen Versuch zu trösten, ich setze mich wieder in meinen Sessel, ich schweige, ich betrachte das Schauspiel. Eine Mutter liebt ihre Tochter, und das ist gut und schön. Frau R. setzt sich wieder. »Wir müssen eine Entscheidung fällen«, sagt sie, wobei sie Gaëlle mit Blicken liebkost. Sie macht Notizen und bittet mich, alles noch einmal zu wiederholen: die notwendigen Unterlagen, das ärztliche Gutachten, ernstzunehmende Beweise, daß der beschuldigte Vater tatsächlich Inzest begeht ...

»Seine Eltern liebten ihn nicht«, behauptet sie. »Ich kannte die Familie. Sie wollten sich kaum um ihn kümmern, er war schon immer ein schlechter Mensch.« Sie senkt ihre Stimme: »Außerdem sagte man im Dorf, daß er nicht der Sohn war ... er war ein uneheliches Kind, und der Vater hat ihm einfach seinen Namen gegeben, indem er die Mutter heiratete ...« Für sie absolut keine Schande, ein uneheliches Kind zu sein. Das kann einfach manchmal das Fehlen von Fürsorge, von guter Erziehung und Fehlentwicklungen erklären.

Und wenn Fortunée ... Wie ein Blitz schießt mir die verrückte, alberne, teuflische Idee durch den Kopf. Fortunée untreu? Ein anderer Mann? Ein kurzes Abenteuer? Und ein Kind. Ich somit ein Bastard. Unmöglich. Von Grund auf, aus religiösen Gründen und physisch unmöglich. Man kann sich den Körper Fortunées – mit ihrem Kopf, der vollgepfropft ist mit Verboten jeglicher Art, mit uralter Unwissenheit, mit Ängsten und sexuellen Tabus – nicht vorstellen, wie sie einen anderen als ihren Besitzer vor Gott und dem Gesetz, ihren Ehemann, an sich heranläßt. Ich drehe mich im Kreis. Oder ich drehe vielmehr langsam durch. Und zwar aus dem Grund, daß die Zeit für meine Mutter – die keiner anhalten kann – fast abgelaufen ist. Ich will nicht, daß sie stirbt, ohne es mir gesagt zu haben.

Das Beratungsgespräch ist fast zu Ende. Ich muß wieder zu mir kommen. Und den Verstand behalten. Ich fasse den Stand der Dinge und meine Ratschläge zusammen, ein Wink, daß es Zeit ist auseinanderzugehen. Frau R. schreibt noch immer, Gaëlle, völlig verweint, sieht mich an. »So, nun denken Sie nach, sammeln Sie die Unterlagen und rufen Sie mich an, wenn Sie mich brauchen«. Gaëlle versucht es noch einmal: »Sie wollen also meine Sache als Anwältin vertreten? In der Provinz ist es nicht einfach, solche Dinge zu beweisen ...« Eines meiner Prinzipien ist es, mich nicht auf die schnelle festzulegen. »Ich möchte zuerst die Akte sehen.« Ich stehe auf, Gaëlle und ihre Mutter rühren sich noch immer nicht. Auch daran bin ich gewöhnt. Ein Lichtblick, eine rationale Erklärung oder ein mögliches Rechtsmittel, und die Leute wollen mehr, ein Versprechen, das Beseitigen der Angst. Ich mache es kurz. »Nun, für den Augenblick habe ich Ihnen alles gesagt.« Ich wiederhole: »Sie können mich anrufen, sobald Sie etwas Neues wissen.« Frau R. räumt ihre Papiere zusammen, Gaëlle, die endlich aufgestanden ist, packt ihren dicken Ordner in eine Tüte aus dem Supermarkt.

»Ah«, sagt sie, »schauen Sie, das habe ich vergessen.« Sie hält mir drei Farbfotos entgegen, eines um einen Geburtstagskuchen herum, mit drei Kerzen, die anderen in einer sonnigen Landschaft. Ein wunderhübsches kleines Mädchen mit hellen Haaren, die zu einem Pferdeschwanz gebunden sind, und dunklen, etwas verklärten Augen, die in die Ferne blicken.

Ich gebe die Fotos zurück und begleite die beiden zu meiner Sekretärin, die die Rechnung für die Beratung fertig gemacht hat.

Es ist seltsam, wie sehr sich heutzutage sexuelle inzestuöse Übergriffe häufen. Die zartesten und verletzlichsten Kinder, zwischen zwei und fünf Jahre alt, sind als stumme Opfer gräßlichen Vätern ausgeliefert – wie sollten sie in diesem Alter mit Worten den manchmal nicht sichtbaren, tiefgehenden Schock ausdrücken? Die Mütter suchen die Konfrontation, zeigen an, klagen an, kämpfen, damit den Kindern Gerechtigkeit widerfährt. Damit das Verbrechen aufhört und der nicht wiedergutzumachende Schaden der Kindheit bestmöglich »vernarben« kann. Gelegentlich, aber seltener, wenn die anfängliche Vergewaltigung sich in eine inzestuöse Beziehung verwandelt, können sie zu schweigenden Mittäterinnen werden. Andernfalls käme der Vater ins Gefängnis, was für den Haushalt Armut und in der Familie Schande bedeutete, wobei letztere schnell an Bedeutung verliert.

Kommen diese Dinge heute häufiger vor als noch vor zehn oder zwanzig Jahren? Wenn man sich die Akten, die laufenden Prozesse anschaut, zweifellos. Eine Anzeige ist nicht mehr wie früher eine Bedrohung für die Familie – die ohnehin schon auf schwachen Beinen steht – und auch keine schlecht angesehene Vorgehensweise. Eine Entwicklung, die zum Großteil dem Verhalten der Medien und vor allem des Fernsehens zu verdanken ist. Die Opfer spüren die Unterstützung der öffentlichen Meinung, entkommen dadurch eher ihrer Einsamkeit und haben weniger Angst davor, daß ihnen nicht geglaubt wird.

Heute empfange ich niemanden mehr, ich fühle mich dazu nicht in der Lage. »Aber wir haben alle Termine bestätigt, und Frau B. sitzt schon im Wartezimmer«, wirft meine Sekretärin ein, die meine Entscheidung beunruhigt. – »Es tut mir leid. Es gab in letzter Sekunde eine Verhinderung. Vertrösten Sie sie auf morgen oder übermorgen.« Ich grüße Frau R. und ihre Tochter und schließe mich in meinem Arbeitszimmer ein, geschützt von meinen Korkwänden. Seit gestern bin ich mit meinen Gedanken unaufhörlich bei diesem Laken, dem Leichentuch, um das die Krankenschwester bat. Für meine Mutter. Ich bin zu nichts zu gebrauchen. Sicher, die Erfahrung, die Kenntnis von Recht und Gesetz bleiben. Doch heute fehlt es mir an dem, was meine Arbeitsweise als Anwältin von »Menschen« ausmacht: die Fähigkeit zuzuhören, mitzufühlen, die jedem gemeinsamen Kampf vorausgeht. Es ist ein riskanter Kampf, der oft verloren wird, wenn die Verteidigung den Angeklagten nicht ein wenig in die Verantwortung nimmt. Einen Fall vor Gericht zu vertreten, und sei das Plädoyer noch so brillant, reicht weder zum Gewinnen noch zum Heilen.

Ich denke einen Moment an das Ungeheuer in den Zügen meiner Kindheit, an meinen Schrecken, an die Abwesenheit meiner Mutter, obgleich ich mich an sie preßte. An meine verzweifelte Bitte, daß sie mich verteidige, mich beschütze. Vergeblich.

Schon immer habe ich alles um mich herum beobachtet und registriert, wenn anderswo jene mütterliche Liebe zum Ausdruck kam, die mir versagt blieb.

Als wollte ich mich mit diesem Verlust noch kasteien.

Als wollte ich Fritna dadurch zur Rechenschaft ziehen.

Wie an jenem Tag, an dem ich vom Land zurückkam und ihr erzählte, daß ich gesehen hatte, wie ein Vogel seine Jungen fütterte. Ich fragte sie (ich war wohl etwa acht Jahre alt): »Wenn wir Vögel wären, würdest du mich dann so küssen, wie der Spatz seine Jungen auf den Schnabel küßt?« Große Verwunderung bei meiner Mutter, die mir befahl, mir die Hände zu waschen. Auch das hat sie sehr gut gemacht, uns zur Sauberkeit zu erziehen. Wir waren arm, aber Seife und Wasser mußte man sich immer leisten können. »Du hast heute wieder seltsame Ideen im Kopf. Wo hast du denn nur das mit diesen Vögeln her, sag mir das?«

Ich rufe zum dritten Mal im Krankenhaus an. Eine unbekannte Stimme. Meiner Mutter gehe es etwas besser, und der Arzt werde am späten Vormittag bei ihr vorbeischauen. Es sei am besten, wenn ich mich direkt bei ihm erkundige, sagt man mir kurz angebunden. Als ob es reichen würde, wenn man in einem Krankenhaus eine Dienststelle oder einen Arzt anruft, um sich nach einem Kranken zu erkundigen!

»Sie achtzigjährig, ich sechzigjährig ...«

Fortunée ist ein permanentes Wunder. Mit fast sieben- oder achtundachtzig Jahren – wie soll man es genau wissen, wo sie mangels Standesämtern in Tunesien zu Beginn des Jahrhunderts »vermutlich am ... geboren« ist – kehrt sie plötzlich wieder unter die Lebenden zurück, wie ein Schwimmer, der mit einem Zug wieder an die Oberfläche kommt.

Ich muß mich selbst davon überzeugen, um beruhigt zu sein. Morgen fahre ich für drei Tage weg. Vorträge in Clermont-Ferrand und in Spanien. Ein kleines Propellerflugzeug wird mich nach einer Zwischenlandung in Pau von Clermont nach Madrid bringen. Sollte ich diese erneute Reise absagen? Die Konferenzen in Madrid sind Teil eines europäischen Programms, in das ich stark eingebunden bin. Das Thema »Chancengleichheit zwischen Frauen und Männern« gehört zu dem, was ich »meinen Kreuzzug« nenne. Paritätische Verhältnisse in der Politik zu schaffen läuft auf eine neue Demokratie hinaus, und zwar auf eine gerechtere – genauso viele Frauen wie Männer in den gewählten Parlamenten –, eine ausgewogenere Teilung der Verantwortlichkeiten und der Macht, eine Demokratie, die mehr der Realität entspricht. Neunzig Prozent Männer, die entscheiden, zehn Prozent Frauen, die zustimmen oder sich fügen oder sich nicht interessieren – das ist es, was wir zur Zeit erleben. Eine Demokratie? Eher eine Karrikatur davon.

Ende 1994 nahm die Idee Gestalt an. Schon seit einigen Jahren konzentrierte »CHOISIR«, die feministische Bewegung, die in den 70er Jahren unter anderem von Simone de Beauvoir gegründet wurde und deren Vorsitzende ich heute bin, all ihr Tun und allen Kampfeswillen auf diese neue Pädagogik. Feminismus, aber auch der Anspruch als Staatsbürgerinnen. Es folgten Vorträge, Diskussionen, Schriften, Faltblätter, Lobbying bei verantwortlichen Politikern. Es waren fruchtbare Unternehmungen, denn die Mehrzahl der Frauen, und auch zahlreiche Männer, wollten diesen neuen Weg einschlagen. Laut Meinungsumfragen war auch die öffentliche Meinung mit sechsundachtzig Prozent dafür.

Ich selbst hatte Analysen des Öffentlichen Rechts gemacht und war zu dem Schluß gekommen, daß es einer Überarbeitung der Verfassung bedurfte. Das Gleichheitsprinzip zwischen Frauen und Männern mußte darin klar festgeschrieben und ausdrücklich und eindeutig zu lesen sein.

Paris verlassen? Die Vorträge absagen?

Ich grübelte über das Dilemma nach, als ich an diesem Nachmittag das Krankenhauszimmer betrat. Ich würde eine Entscheidung fällen, nachdem ich Fritna gesehen hatte.

Eine komplette Verwandlung. Meine Mutter sitzt aufrecht in ihrem Bett und knabbert an einem Stück Kuchen. Ihre Gesichtszüge haben wieder menschliche Formen angenommen, der Schatten auf ihren Wangen ist rosiger und weniger tief, die Augenringe schwächer. »Ah, bist du's, Gisèle?« Mit der sanften Stimme, die ich so mag. Ich beuge mich zu ihr, um sie zur Begrüßung auf die Wangen zu küssen, sie hält mich beharrlich fest, um mich noch einmal zu küssen. »Mama, du siehst blendend aus heute.« Sicher, ihr Blick ist nach wie vor verschleiert und ihre Bewegungen langsam. Doch was für ein Fortschritt seit der letzten Nacht! »Serge (sie hat sich immer geweigert, ihn Kamoun zu nennen, »der Name eines Gewürzes, des Kümmels, aber auf arabisch«, sagte sie voller Verachtung) hat hier geschlafen, weißt du.« Sie hat die Ablösung von Manufô, sein Weggehen im Morgengrauen nicht bemerkt. Sie schlief, sie hatte Schmerzen, sie weiß nicht, warum sie nicht atmen konnte. »Es war, als hätte ich ein eisernes Korsett auf der Brust, hier.« Sie deutet Atembeschwerden an. »Das geht alles vorbei, du wirst sehen, Mama. Heute morgen geht es dir sehr gut.«

Ich frage die hereinkommende Krankenschwester, was der Arzt dazu gesagt hat. Sie weiß nichts darüber, ich muß direkt mit ihm sprechen, aber prompt ist er an diesem Abend nicht da. »Auf alle Fälle hat ihre Mutter Kraft, sie hat sich erstaunlich gut erholt.« Welches Wundermittel hat man ihr dafür verabreicht? Nichts Besonderes, versichert sie. Wie jeden Tag hat meine Mutter ihre Spritzen, ihre Tabletten und eine Dosis Sauerstoff bekommen. Jetzt ist sie in der Lage, mich zu erkennen, mir vielleicht zu antworten. Ich schöpfe wieder Hoffnung.

Kaum ist die Krankenschwester weg, setze ich mich auf ihr Bett. »Mama.« Ich nehme ihre Hand und küsse sie. Sie legt das restliche Stück Kuchen weg und gibt mir auch ihre andere Hand. »Mein Kind, mein liebes Kind.« Ich merke, daß ich leicht zittere und drücke ihre Finger ein wenig fester, um meine ruhig zu halten. Sie fängt wieder mit dem liebevollen Spiel von vor ein paar Tagen an. Nach jedem Kuß, den ich ihr gebe, küßt sie mich. Ganz leichte Küsse auf meine Hände, sobald ich ihre Hände loslasse, nachdem ich sie geküßt habe.

Wie beim ersten Mal bin ich durch diese fast leidenschaftlichen Gesten seltsam verwirrt. Und wenn ich mich getäuscht habe? Wenn der Zwang der Traditionen, die strenge Erziehung Fritnas allein für diese fixe Idee verantwortlich waren? Einfach nur ein großes Mißverständnis? Ob nun Liebe oder nicht, eine Frau wie Fritna bringt das nicht zum Ausdruck. Hat sie Édouard jemals ihre grenzenlose Verbundenheit, ihre Leidenschaft, vermischt mit Abhängigkeit und Groll offenbart? Ich wette, nein. Ist es nicht eine Schande, *ahchouma*, seine Gefühle zu zeigen, das Risiko einzugehen, den anderen durch die Offenlegung seiner Gefühlswelt zu verletzen? Man kann seine Wut, seine Freude, die kleinen Dinge des Lebens zum Ausdruck bringen, doch niemals Liebe oder Zärtlichkeit. Diese Empfindungen sind zu stark, zu gefährlich, die Wörter können einen dann Gott weiß wohin führen... Und außerdem können sie gar nicht alles ausdrücken.

Ich erinnere mich an den Tag – ein denkwürdiger Zwischenfall in der Familie –, als ich mich, verliebt in einen höchst schwindsüchtigen Jungen (»er spuckt Blut«, sagte mein Vater entsetzt), vor meine Eltern gestellt hatte und ihnen mit meinem »ich liebe ihn, ich will ihn« einen Schlag versetzt hatte. Dieses »ich will ihn« war mein Widerstand gegen das mir erteilte Verbot, ihn zu sehen oder mit ihm zu sprechen. Das offene Aussprechen der Worte »ich liebe ihn« schlug wie eine Bombe ein. Édouard versagte fast die Stimme. »Du wagst es, so mit deinen Eltern zu sprechen? Solche schmutzigen Wörter in den Mund zu nehmen?« Und er gab mir eine so starke Ohrfeige, daß ich das Gleichgewicht verlor. Ich schrie, in einem hysterischen Nervenzusammenbruch: »Ja, ich liebe ihn. Ihr wißt doch gar nicht, was das bedeutet! Ihr wißt doch gar nicht, was das ist!« Meine Mutter wollte mich zum Schweigen bringen. »Ich liebe ihn, ich liebe ihn, so ist es nun mal.« Sie brüllte, daß ich verrückt sei, *maboula*. Ich war siebzehn, und sie dachte, daß das Studium, das ich seit kurzem machte, keinen guten Einfluß auf meinen jungen Geist hatte.

Ohne Zweifel liebten sich meine Eltern; aber ist »lieben« die richtige Bezeichnung dafür? An manchen Tagen hatte ich gespürt, daß es mehr und zugleich anders war. Daß ein sehr starkes Band – das auf Gefühlen, dem Körperlichen, Verbundenheit, Abhängigkeiten und ihren vier Kindern beruhte – dieses starke Paar, das trotz der Klippen nicht unterzugehen drohte, von Anfang an zusammengeschweißt hatte. Die wichtigste Kraft: das Unausgesprochene. Worte durften es nicht benennen. Das hätte bedeutet, die Schamgrenze, die Tradition zu durchbrechen, ihre Geschichte mit Verletzlichkeit, Unwiderruflichkeit zu schlagen – der Verletzlichkeit und Unwiderruflichkeit von Worten. »Man braucht nicht so intellektuell zu tun« (auf arabisch *mokhs*, was wörtlich Gehirn, die denkenden Köpfe bedeutet), sagte meine Mutter manchmal voller Abscheu.

Ich sagte mir, daß mein Vater auf Worte vielleicht verzichtet hatte, daß er aber in der Liebe, die er seinen Töchtern entgegenbrachte, den Königsweg gefunden hatte, sich auszudrücken.

Während ich noch immer Fritnas knochiges Gesicht streichle, klammere ich mich an diese Version: Liebe, die sich nicht mit Worten ausdrücken läßt. Die aber existierte. Ich verjage die Bilder der Situationen aus meinem Kopf, in denen Fritna mich mit aller Härte behandelt und mir Schuldgefühle aufgeladen hatte. Und wieder taucht die Frage – hat meine Mutter mich geliebt? – auf, die das ganze Gebilde, das ich mir errichtet habe, zu zerstören droht. Um der Angst, dem Verlust, dem krankhaften Wunsch nach Beweisen ein Ende zu machen, suche ich nur zu gern Zuflucht in der Unausweichlichkeit der Erziehung dazu, Gefühle zu verschweigen und zu verheimlichen. Ich habe für Fritna das Alibi gebastelt. Man muß sich schützen. Meine Mutter schützte sich somit vor ihren eigenen Gefühlen, indem sie sich verschloß. Im Panzer der »Kommandeurin« vertrat sie die religiöse Norm, folglich das Gesetz der Moral, folglich das Gesetz. Das war es, was sie so streng, so unnahbar machte. Ohne Herzlichkeit oder Zärtlichkeit für ihre Nächsten. Ihre Nächsten? Aber für wen?

Hatte sie nicht schon immer einen klaren Unterschied zwischen ihren Söhnen und ihren Töchtern gemacht, und zwar von deren frühester Kindheit an? Marcel und Henri, die verhätschelt, geliebt, bedient, beschützt, unterstützt wurden. (Hatte sie nicht ihre wenigen arabischen Schmuckstücke – die im übrigen nicht besonders wertvoll waren – verkauft, um damit ein paar Nachhilfestunden für ihren ältesten Sohn zu bezahlen, in der Hoffnung, daß er in der Schule besser würde?) Hatte sie sie nicht als die wahre Nachkommenschaft, das Blut des Blutes, die Ehre bezeichnet? Waren Gaby und ich, die wir sie mit unserer Geburt belastet hatten, nicht dazu verurteilt, ohne Liebe aufzuwachsen? Eine von vielen Methoden, diesen Fluch, Mädchen zur Welt zu bringen, zu bannen.

»Mama, möchtest du reden? Ein bißchen?« Vorsichtig unternehme ich einen neuen Versuch, trotz allem. Ich werde ihr die Frage noch einmal stellen. Ich beuge mich ganz dicht zu ihr hin, so daß ihr Kopf fast an meiner Schulter liegt, ihre Augen direkt vor mir verschmelzen mit meinen. »Nein, Gisèle, hör auf.« Sie richtet sich auf und macht mit der Hand die entsprechende Geste. »Nein, ich kann nicht ... es geht mir noch sehr schlecht.« Sie hat verstanden. Ein kurzer Blickwechsel. Noch bevor ich die ersten Worte sagen kann, schiebt sie die Gefahr von sich. Mit kläglicher Stimme weigert sie sich. Kein Weg zurück, keine Transparenz. Und sie rückt ein wenig von mir ab, indem sie sich auf ihre Kissen zurückzieht.

Beharrlichkeit hätte unter diesen Umständen schwere Folgen. Ich könnte damit eine Krise, einen Rückfall verursachen und mich in ihren und meinen Augen dann noch schuldiger fühlen. Aber vor allem fürchte ich, die gleiche Szene wie vor ein paar Jahren noch einmal zu durchleben. Mit demselben Ende.

Wie jeden Sonntag besuchten wir sie, Kamoun, Manu und ich. Es war in einer dieser kurzen Zwischenphasen, in denen sie das Krankenhaus verließ und bei sich wohnte. In einer sehr bescheidenen Wohnung im siebzehnten Arrondissement, einem dichtbevölkerten Viertel, mit bunt zusammengewürfelten Möbeln, einem Holztisch und Holzstühlen, einem zusammenfaltbaren Garderobenschrank mit Plastikvorhängen, einem riesigen Fernseher, einer kunterbunten Tagesdecke. Selbst die Papierblumen, die um alte Postkarten von der Familie herum arrangiert waren, ergänzten diese Zurschaustellung schlechten Geschmacks. Alles, was für gewöhnlich den Sinn für Ästhetik ausbildet – Geburt, Geld, Bildung, Kultur –, hatten meine Eltern entbehrt.

Als meine Mutter ins Altersheim und dann ins Krankenhaus kam und diese Wohnung mehrere Jahre lang von Obdachlosen in Beschlag genommen wurde, traf mich das zutiefst – die Tür war eingetreten, die Wände naß, die Möbel von Unbekannten benutzt. Es war wie eine Art Vergewaltigung des vergangenen Lebens eines alten Paares, meines Vaters und meiner Mutter. Diese leblosen Gegenstände, so häßlich sie auch waren, hatten sehr wohl eine Seele. Meine Eltern hatten ihnen diesen besonderen Geist eingehaucht. Fremde Hände werkelten im Reich Édouards herum, der bereits tot war, und Fritnas, für die der Tod auch nicht mehr fern war, sie randalierten darin und besetzten es gewaltsam. Ich habe immer gegen das inakzeptable Schicksal gekämpft, das unsere Gesellschaft für jene vorsieht, die sie auf die Straße wirft. Ich habe mich mit den Ausgestoßenen immer solidarisiert. Und dennoch! Daß sie im zerwühlten Bett meiner Eltern schliefen, ihr Blechbesteck benutzten, die Anordnung ihrer schrecklichen Plastikblumensträuße und ihrer ausgeblichenen Photos durcheinanderbrachten, das konnte ich nur schwer ertragen, ich gestehe es!

Als ich an jenem Tag die Postkarten mit einer Reißzwecke an der Wand befestigte, warf ich meiner Mutter, die auf dem Bett lag, vor, nur ihre Söhne geliebt zu haben. Die Verbitterung war plötzlich in mir hochgekommen, als sie ganz gerührt davon sprach, wie aufmerksam mein kleiner Bruder ihr gegenüber doch sei. Der Klang ihrer Stimme, das feuchte Glänzen in ihren Augen in diesem Moment, die Seufzer, die sie zwischendurch ausstieß, machten mich wütend. Ich ertrug die Ungerechtigkeit genauso wenig wie als Kind. Die Zuneigung eines Sohnes für seine Mutter vor einer Tochter zu loben, die sie ihr zum Trotz lieben wollte, war mir unerträglich. »Henri liebt dich, und du liebst ihn, und das ist sehr gut so. Aber warum hast du mich niemals geliebt, mich?« Es war raus. Einfach so, fast wie ein Schrei, der einem rausrutscht, wenn man einen Schlag bekommt. Möglichst ruhig fügte ich hinzu: »Du solltest mir das mal erklären, Mama, es wird Zeit, in unserem Alter.«

Fritna wandte sich mir zu, streckte ihre Beine aus. »Sie sind immer geschwollen«, klagte sie beiläufig und beschuldigte mich, fast gleichgültig, ich wisse nicht, was ich sage. »Was ist denn mit dir los, bist du verrückt oder was? Wie könnte eine Mutter ihre Töchter nicht lieben?« Das Argument ließ mich kalt, ich war schon immer davon überzeugt, daß der Mutterinstinkt ein Mythos ist und daß man wählen kann, ob man seine Sprößlinge liebt oder nicht. »Also, warum? Warum?« Und ich begann, erregt Beispiele für diese Lieblosigkeit von Kindheit an aufzuzählen. Kamoun schaute mich vorwurfsvoll an. Zwei- oder dreimal versuchte er, meiner schmerzhaften Anklage ein Ende zu machen. Manu verkroch sich unglücklich auf seinem Stuhl. Wir wurden lauter, und meine Mutter beschimpfte mich erneut als verrückt, »du weißt nicht, was du sagst«, als ständige Aufwieglerin, als Gesetzlose. »Du machst nichts wie die anderen.« »Und deine Undankbarkeit, hm? Erinnerst du dich daran«, sagte sie in schneidendem Ton, »wie ich dich gepflegt habe, als du krank warst, und als du ins Bett gemacht hast, wer hat da die Laken gewaschen, wer, sag mir das?«

Fortunée, Opfer einer absoluten Pflicht, hatte eine gewisse Angriffslust wiedergefunden. Quer in ihrem Bett sitzend, schaukelte sie mit ihren Beinen leicht hin und her, als wolle sie den Vortrag über ihre mütterlichen Großtaten damit rhythmisch gliedern. Ich bot ihr noch einige Minuten die Stirn, dann gab sie zu verstehen, daß sie erschöpft sei, was wie immer meine Schuld war, und daß dieser Streit aufhören müsse. Mitten im Satz unterbrach sie mich. »Das reicht, ich kann nicht mehr, mir geht's nicht gut«. Bis zur Übelkeit fehlte nicht viel, und erneut warf sie sich aufs Bett. Der Wortwechsel war heftig gewesen. Die Stille legte sich plötzlich über uns wie bei einem Film, dem man den Ton weggedreht hat. Wir sahen alle starr vor uns hin, ohne uns zu bewegen.

Und dann sprach Fortunée ihren Bann: »Wenn du nur kommst, um mir eine Szene zu machen, ist es nicht nötig.« »Mama, hör auf!« Ich unterbrach sie, ich wollte sie nicht hören, diese Worte des Verstoßens, des Verbannens, ich wollte sie zum Schweigen bringen: »Mama, ich bitte dich!« »Komm nicht mehr, das ist mir lieber.« Sie hatte es gewagt. »Komm nicht mehr!« Sie machte kurzen Prozeß und verjagte mich. Verurteilt dafür, daß ich nach den Gründen dieses fundamentalen Fehlens von Liebe gesucht hatte. Ich fühlte mich elend. Nein, nicht das! Ich konnte es nicht hinnehmen, daß sie mich verjagte, sie, meine Mutter, der ich immer wieder, zweifellos ungeschickt, gesagt hatte, wie sehr ich mir wünschte, daß sie mich geliebt hätte. Und daß sie mich die verbleibende Zeit noch lieben würde.

Ich kannte die Merkmale der Entzweiung mit Fortunée. Das Nichts, die Einöde. Das große Nichts. Meine Tochter ist für mich gestorben, ein Jahr lang, zehn Jahre lang. Um in Gnaden wieder aufgenommen zu werden, mußte man unendliche Anstrengungen unternehmen und Schikanen erdulden. Um Verzeihung bitten, sich erniedrigen (ich habe es wiederholt getan, selbst, als ich erwachsen war), schwören, daß man niemals wieder damit anfangen werde (mit der rituellen Formel »verzeih mir, Mama, ich werde niemals wieder damit anfangen«, wobei man ihre Hand küßt), einige harte Rügen über sein eigenes Verhalten hinnehmen und vor allem nicht mehr das Thema erwähnen, das den Streit ausgelöst hatte. Kurzum, *vae victis*.

Kein Zerwürfnis also. Wir hatten die Zeit dafür nicht mehr. Sie war achtzigjährig, ich sechzigjährig. Die Zukunft war in doppelter Hinsicht knapp. Die Entzweiung oder die grausame Isolierung vergangener Luxus. Ich werde bis zum letzten Moment den Dialog suchen, das weiß ich.

»Mama, beruhige dich« – dabei war sie mehr als ruhig, fast eiskalt, um mir zu verstehen zu geben, daß sie mich fortschickt –, »ich wollte mit dir reden, das ist alles.« Sie sieht mich mißtrauisch von der Seite an. »Reden wir nicht mehr darüber.« Sofort sorgen Manu und Kamoun für Ablenkung. Sie erwähnen die neuesten Eskapaden von ich weiß nicht mehr welcher Schauspielerin, über die die Presse gerade schreibt, wobei sie sich sehr bemühen, fröhlich zu klingen. Und sie wissen, daß es nun an der Zeit ist, Fritnas Eitelkeit zu schmeicheln. »Übrigens, Oma, Picasso war anscheinend Jude!« Eine unfehlbare Methode. Fritna spitzt die Ohren und schüttelt, noch skeptisch, den Kopf: »Ist das wahr, Manu, oder ist das wieder ein Witz?« Im Chor protestieren die beiden Enkel. »Und er war nicht der einzige!« Wild durcheinander zählen sie die Namen berühmter Leute auf. »Gorbatschow, und sogar Dalila, sie war eine ägyptische Jüdin!« Meine Mutter fühlt sich gestärkt, wichtige Leute, sie ist in guter Gesellschaft. Und dadurch bekommt sie bessere Laune. Ich atme auf, ich bin knapp dem Schlimmsten entgangen. Ich gebe das Signal zum Aufbruch. »Bis nächsten Sonntag, Mama«. Wir küssen uns alle drei zum Abschied. »Ich rufe dich morgen an, wie gewöhnlich.« Ich erwarte keine Antwort. Es kommt im übrigen auch keine. Für den Moment habe ich mein Ziel erreicht. Ich habe *in extremis* das Band wieder etwas fester geknüpft, das zwar nach wie vor alles andere als belastbar, doch immerhin nicht endgültig gerissen ist.

Von all dem habe ich bis heute nichts vergessen, und als sie ihr Veto einlegt, höre ich damit auf. Die Erinnerung an Vergangenes ist selbst in der Gestalt eines von Zuneigung geprägten Gespräches absolut verboten. Ich möchte kein Risiko eingehen, vor allem das nicht, weggeschickt zu werden, wie damals. »Gut, Mama.«

Ich sage ihr, daß sie auf dem Weg der Genesung ist und daß ich morgen ein Gespräch mit dem diensthabenden Arzt habe. Ich küsse sie zum Abschied. Sie entzieht sich mir ein wenig.

Von Clermont-Ferrand, von Madrid, von Oviedo rufe ich zuerst Fritna und dann den für sie zuständigen Assistenzarzt an. Die Besserung scheine sich zu bestätigen, doch die Situation bleibe heikel, sagt der Arzt. »Es ist eine Pause. Doch der Zustand des Herzens, der Aorta, all das ist unverändert.« Und trotzdem. Wenn das Schlimmste weit weg scheint, atmet man freier. Die öffentliche Versammlung wird ein Triumph, die Parität scheint für uns in Reichweite zu sein. Im Flugzeug, das mich noch an diesem Abend nach Paris zurückbringt, träume ich davon, daß Fritna das Krankenhaus verläßt. Wird sie zum Jahresanfang 1995 wieder auf den Beinen sein?

Die »Andere Politik«

Der Frühling 1994 glich dem Frühling dieser letzten Jahre. Kühl, feucht, ein ständiger Regen wie im Herbst, so daß ich mich, während ich meinen Pullover überzog und mich mit meinem Regenschirm bewaffnete, um meine Mutter zu besuchen, fragte, ob der Frühling nicht doch einfach nur die Erfindung eines Dichters oder eine angenehme subjektive Empfindung war. Wir haben Mai, Juni, also ist Frühling, beschließe ich. Warum dieses Hin und Her, dieses Fehlen eines sanften Übergangs zur Pracht des Sommers ... sofern er prächtig wird! Ich sehe und lese aufmerksam die ökologischen Erklärungen: Erderwärmung, Treibhauseffekt, Verschmutzung, Ozonloch und was nicht noch alles.

Fluchend komme ich in »la Résidence«, dem Altenheim am Kremlin-Bicêtre an. Ich klemme mir den Finger ein, als ich die Eingangstür öffne und gleichzeitig meinen Regenschirm zumache. Das wäre mir in einem richtigen Frühling nicht passiert.

Meine Mutter ist in ihrem Bett, vor dem laufenden Fernseher; auch wenn sie sagt, daß sie das nicht mehr interessiere, daß sie nicht mehr richtig sehe, nicht mehr richtig höre, hängt sie nach wie vor an Sendungen wie der von

Jacques Martin oder der von Drucker. Zweifelsohne vermittelt das Bild die Illusion, daß jemand anderes anwesend ist. »Das leistet mir Gesellschaft«, hatte sie immer wieder gesagt. Dieser Zauber tritt vor allem bei alten und alleinstehenden Menschen auf. Sie leben mit einer Ton- und Lichtshow zusammen, und dabei ist es ganz egal, ob es sich nur um Phantome handelt.

Ich drehe den Ton weg, noch bevor ich sie küsse. »Wie immer ... es geht seinen Gang«, antwortet sie schon seit Jahren stets auf die gleiche Weise, wenn man sie nach ihrem Befinden fragt. »Es ist unverändert«, fügt sie manchmal mit einem Seufzer hinzu. Ich frage sie, ob die Krankenschwester ihr schon die tägliche Spritze gegeben hat und ob sie die verordneten Tabletten genommen hat. »Nichts, mein Kind! Niemand! Niemand ist gekommen, um nach mir zu schauen.« Ich hake nach. Sie beharrt darauf. Also öffne ich die Schublade des Nachttisches, der neben ihrem Bett steht, und finde darin stapelweise Arzneischachteln. Die Ampullen für die Spritze, die Tabletten, die Anzahl scheint zu stimmen. Schachteln und Ampullen in der Hand, versuche ich, sie davon zu überzeugen. Die verordneten Medikamente sind ihr sehr wohl verabreicht worden. Fritna hält stand. »Gisèle, ich schwöre dir, daß du dich irrst. Ich weiß nicht, wer das alles bekommen hat.« Und plötzlich ganz mißtrauisch: »Ist vielleicht jemand hereingekommen, während ich schlief, und hat meine Sachen genommen?« Ich mache der Diskussion ein Ende. »Ich werde sehen, Mama. Ich frag mal nach.« Und in der Tat bestätigen mir die Mitarbeiter des Krankenhauses, unterstützt von Unterlagen und Rezepten, daß meine Mutter sich irrt oder vielmehr das Zeitgefühl und das Gedächtnis verliert. So geht Fritna, die behauptet, daß sie das Zimmer nicht verlasse, beispielsweise nicht nur regelmäßig zum Essen nach unten in den Speisesaal, sondern auch zum Kaffeeklatsch, hört oder sieht einen eingeladenen Pianisten, mischt sich sogar manchmal unter die Zuhörer eines Vortrags, nicht wegen einer besonderen Vorliebe dafür, sondern um die Eintönigkeit ihrer Tagesabläufe zu durchbrechen.

Dieses Heim, das Henri ausgesucht hatte, hatte einen sehr hohen Standard. Es war sauber, gepflegt, und man bemühte sich, den Aufenthalt für die Bewohner möglichst normal zu gestalten und ihnen auch eine Art gesellschaftliches Leben zu ermöglichen. Daher die Vorträge, das Klavier, Kino. Das Zimmer meiner Mutter war sehr hell. Sie hätte sogar eigene Möbel mitbringen können, wozu die Psychologen der Einrichtung rieten, damit die »Exilierten« etwas Vertrautes um sich hätten. Fritna hatte sich geweigert. Klar und entschieden. »Ich will zu mir nach Hause, ich habe hier nichts zu tun ... meine Möbel möchte ich bei mir zu Hause haben, das ist alles ...«

Heute fange ich wieder davon an. Vergeblich. Ich schlage ihr vor, zum Mittagessen in das koschere Restaurant zu gehen, ich habe alle notwendigen Vorkehrungen getroffen, meine Söhne helfen, das Auto steht vor dem Eingang. »Danach steht mir nun wirklich nicht der Kopf, mein Kind ... Nein, das ist sehr nett, aber das strengt mich zu sehr an ...« Henri hatte sie, nebenbei bemerkt, kürzlich in den Bois de Boulogne mitgenommen. Ich unterdrücke einen kleinen Anflug von Eifersucht. »Du weißt, ich bin sehr beschäftigt, bin oft in der Provinz unterwegs. Ich bin Kandidatin für die Wahlen zum Europaparlament.« Ich fasse das Projekt ganz kurz zusammen. »Ich werde die Liste mit Jean-Pierre Chevènement anführen.« Meine Mutter, die bis jetzt keinerlei Interesse für die Neuigkeit gezeigt hatte, spitzt die Ohren: »Chevènement? Er mag die Juden nicht.« Und als sei sie glücklich, die Verbindung gefunden zu haben, versetzt sie mir einen weiteren Schlag: »Er ist wie du, er verteidigt die Araber.«

Sie bittet mich um die Fernbedienung, ich lege sie ihr in die Hand. Erneut dröhnt der Lärm durchs Zimmer. Auf dem Bildschirm singt, glaube ich, Jacques Martin, umgeben von Kindern, Eltern, Blumen. Der Fernseher läuft, Musik. Das ist das Zeichen zum Aufbruch für mich.

Auf dem Rückweg lasse ich mir das noch mal durch den Kopf gehen. Stop! Bis zur Wahl am 12. Juni werden deine Besuche bei Fritna seltener sein? Na und? Ihr ist das jedenfalls vollkommen egal, das weißt du. Henri wird deine Abwesenheit ersetzen. Denk lieber an deinen Wahlkampf, schluck die Verbitterung hinunter, du wirst zum französischen Volk sprechen, damit es dich wählt, und du bist den Tränen nahe, wie ein kleines Mädchen, das ständig von seiner Mama gewiegt wird. Das reicht! Seine Mama muß man sich aus dem Kopf schlagen. Wieder erwachsen werden. Eine Frau und Bürgerin. Bürgerin und Kandidatin. Es gilt, den Erfolg dieses neuen politischen Abenteuers vorzubereiten.

»Ich möchte nicht mehr aktiv Politik machen«, hatte ich eingeworfen. »Was mich interessiert ist, am Projekt CHOISIR, der Gleichstellung von Mann und Frau, weiterzuarbeiten.« Ich hatte folglich jede Teilnahme an dieser Kampagne abgelehnt mit der Begründung: Ich müsse ein Buch zu Ende schreiben (nämlich meine Memoiren als Abgeordnete), Untersuchungen fertigstellen, dann mein Anwaltsbüro, meine Vorträge, meine Enkelkinder... Eine Aufzählung, die sich in vier Worten zusammenfassen läßt: meine Zeit zum Leben. Die Leute, die mit dieser Bitte zu mir gekommen waren, waren beharrlich, versprachen mir das Blaue vom Himmel und führten dann Chevènement an.

Chevènement hatte nicht allzuviel in der Hand. Auf welche zündende Alternative sollte er ausweichen? Schließlich wurden wir doch einig, CHOISIR konnte seine Bedingungen stellen, und an erster Stelle stand die Verteidigung der politischen Gleichstellung von Mann und Frau als einer der Grundpunkte des »Programms für Frankreich«. Wir sprachen mangels konkreter Ziele kaum über das Europa, das wir wollten, aber ausführlichst über das, was wir nicht wollten. »Kein Europa, in dem Geld und Arbeitslosigkeit regieren«, betonte Chevènement.

Schlagworte der Kampagne: Frauen, Frankreich, Arbeit und der Süden. In den Medien stieß die relativ hohe Zahl von Frauen in den Listen zur Europawahl auf einen gewissen Widerhall. Wir erinnerten mit Hilfe von Zahlentabellen an die Beteiligung von Frauen an der Macht, einige von uns gaben Interviews. Eine Wochenzeitung zögerte nicht, unsere Position unter dem folgenden Titel zu definieren: »Europäerinnen: die Stunde der Alibifrauen. Carrère d'Encausse, Lalumière, Charles-Roux und Halimi, die Zugpferde im Wahlkampf«.

Dann ging alles sehr schnell.

Am 6. April stellt sich die »Andere Politik« – so der Name unserer Liste – im Saal des Südamerikahauses vor. Edmonde Charles-Roux, lächelnd und leutselig, führt den Vorsitz. Um sie herum die vier ersten auf der Liste, J.-P. Chevènement, ich selbst, Anicet Le Pors, eine frühere kommunistische Ministerin, und Béatrice Patrie, eine

Beamtin, die ich geworben hatte, da ich (zu Unrecht) glaubte, sie sei Feministin. Der Saal ist voll. Journalisten, Parlamentarier, Mitglieder des Unterstützungskomitees. Die Männer sind in der Überzahl, selbst bei den Sympathisanten, niemand ist perfekt. Vor der abschließenden Zusammenfassung von Chevènement gibt Edmonde mir das Wort.

»Stellen Sie sich vor, daß Sie sich eines schönen Morgens beim Aufwachen in einem Frankreich wiederfinden, das sich völlig von dem, was es ist und was es immer gewesen war, unterscheidet. Der Präsident der Republik? Eine Frau. Der Präsident der Nationalversammlung? Eine Frau. Im Senat eine Präsidentin, in der Regierung eine Premierministerin, die zu neunzig Prozent von Ministerinnen umgeben ist! Im Rechnungshof, im Staatsrat, das gleiche Bild ... In der Nationalversammlung fast 95 Prozent der Abgeordneten Frauen; der kleine Rest, 5,6 Prozent, fällt den Männern zu ... Die gleichen Verhältnisse, oder fast die gleichen, im Senat, und an der Spitze der zweiundzwanzig Provinzräte zwanzig Frauen und zwei Männer ...«

Das erstaunte Publikum sieht sich in eine irreale Welt versetzt. Da höre ich zu meiner Rechten mit halblauter Stimme: »Das ist ja ein wahrer Alptraum!« Ein Herr konnte seine aufkommende Panik nicht unterdrücken.

Ich erinnere mich, daß ich Fritna die Szene geschildert habe. Warum? Um sie abzulenken, um ihr von meinem Leben zu erzählen, um ein gewisses Zusammengehörigkeitsgefühl zu schaffen. Ich wiederholte meine Worte, beschrieb genau die verschreckte Miene des traumatisierten Journalisten, erwähnte die Geräusche im Saal, Lachen ... Meine Mutter hörte aufmerksam zu, doch in ihren grauen Augen konnte ich lesen, daß sie anderen

Träumen nachhing. Sie war mit den Gedanken nicht bei der Sache, das war klar. Ich zählte einige Zusammenkünfte in der Provinz auf, ich erzählte ihr von der Tour de France und Alibaba und den vierzig Räubern.

Dessen ganz offensichtlich überdrüssig, schlief Fritna ein. Ich küßte sie sanft zum Abschied und stahl mich auf Zehenspitzen davon.

Wie das Abenteuer endete, ist bekannt. Ein demütigendes Debakel. Der Abend der Wahlergebnisse war schmerzlich für uns. Fernseh- und Radiosender machten uns, nachdem sie uns eingeladen hatten, deutlich, daß wir nicht zu Wort kommen würden. Zu unbedeutend waren unsere 2,54 Prozent! Die »Andere Politik« hatte eine derbe Niederlage erlitten. Chevènement hielt stand, während ihm selbst der Boden unter den Füßen entglitt. Er beschuldigte die Medien, die Sozialistische Partei, »von einer liberalen Mitte fertiggemacht und von einer Linken gebremst«, führte das Fehlen finanzieller Mittel an ... Er war erst spätnachts zu hören – trotz alledem ziemlich früh für eine Grabrede.

Ich bedauerte nichts, wie immer in meinem Leben. Einmal mehr hatte ich an die Hoffnung geglaubt, die sieht, was noch nicht ist, aber sein wird (so die Maxime von Charles Péguy). Ich hatte an die Glaubwürdigkeit eines Kampfes geglaubt – es wurde ein Reinfall.

Fritna, der ich die Niederlage am nächsten Tag mitteilte, fand das Ergebnis zunächst ungerecht – »Du hast dich so abgerackert, diese Treffen, diese Reisen, was für Mühen! ... Und all das für gar nichts!« – dann befand sie, daß ich zuviel tat – »Komm ein bißchen zur Ruhe, mein Kind, das reicht ... du hast schon viele Dinge getan.« Ich beruhigte sie. »Mach dir keine Sorgen, Mama, ich werde nicht so bald wieder damit anfangen.«

Ich hielt Wort.

Doch lassen Sie mich zuerst von der »Anderen Politik« in Marseille und Marseille in meinem Leben erzählen. Und von Marseille zwischen Fritna und mir.

Überzeugungsarbeit in Marseille

Marseille war von den Verantwortlichen der Wahlkampagne der »Anderen Politik« als Veranstaltungsort auserkoren worden vor der eigentlichen Hauptveranstaltung in Paris. Unsere Freundin Edmonde Charles-Roux würde uns an diesem 24. Mai 1994 in ihrem Wahlbezirk empfangen. Einige informelle Treffen mit Gruppen, die im Wahlkampf aktiv waren, eine Pressekonferenz in der Nähe des alten Hafens nach einem Mittagessen mit den Journalisten, eine Stadtteilversammlung und schließlich die große Veranstaltung fürs Volk, die im Herzen der Stadt stattfand. In der Zwischenzeit würde ich mich zum Sender FR3 Marseille begeben, um dort per Konferenzschaltung an einer Diskussion für die überregionalen Abendnachrichten teilzunehmen, in der mir Frau Seillier gegenübergestellt würde, die Kandidatin Numero zwei auf der Liste von Philippe de Villiers. Christine Ockrent, die das Ganze leitete, wollte eine Schlacht zwischen Frauen – den beiden zweiten Plätzen auf gegnerischen Wahllisten. Oder ein Match. Auf alle Fälle hatte ich sie gewarnt, kein Gezänk unter Frauen, da würde ich nicht mitmachen. Die Unterschiede zwischen den beiden »Spielerinnen« waren so eklatant, daß es mehr an eine Parodie als an die Vorstellung unterschiedlicher Meinungen zweier politischer Gegner erinnerte. Ein Meinungsaustausch war nicht möglich. Auf welcher gemeinsamen Basis, und sei sie noch so klein, sollte er gründen? Wie sollte ein Dialog, oder sogar ein echtes Gespräch, zustande kommen, wenn ganze Welten die beiden trennten?

Urteilen Sie selbst: Auf der einen Seite eine Frau mit Familie, Hausfrau, unerbittliche Abtreibungsgegnerin, Verantwortliche des Verbandes katholischer Familien, die für die Bezahlung von Müttern kämpft und sich auf die Kirche und die etablierte patriarchale Ordnung stützt. Frau Seillier, rechts von der Rechten. Auf der anderen Seite eine der dreihundertdreiundvierzig »Schlampen«, die die Erklärung »Ich habe abgetrieben, ich fordere freie und unentgeltliche Abtreibung für alle Frauen ...« unterschrieben haben, Anwältin im Bobigny-Prozeß, einem Ereignis, das in der öffentlichen Meinung die Forderung nach einer Liberalisierung des Abtreibungsrechts auslöste. Die heute gemeinsam mit Chevènement, links von der Linken, eine Europaliste anführt, welche sozialistisch und gegen Maastricht ausgerichtet ist und vor allem für die Parität in der Politik kämpft. Vermutlich also ein wahrer Dialog zwischen Gehörlosen! Wir würden sehen ...

Ich flitzte also zum Bourget, wo ein kleines gechartertes Flugzeug auf uns wartete. Neben der kleinen Truppe der »Chefs« flogen in dem Flugzeug noch zwei oder drei Journalisten überregionaler Tageszeitungen (*Le Monde*, *Le Figaro*) mit. Diese Begleitung war günstig. Bisher waren unsere Kandidatur und unsere politische Position von den Medien eher vernachlässigt worden. Unser eindeutiger Mangel an Mitteln zog die Kameras und Mikrophone nicht gerade an.

Ich versuche, durch das kleine Fenster die Sonne über dem Rhonetal zu sehen. Dann beginnt das Ruckeln des Flugzeuges, dieses Klappern der Flügel auf der Höhe von Lyon, das ich so gut kenne. Als Abgeordnete von Isère war diese Strecke für mich Routine geworden. Da ich zwei- oder dreimal pro Woche im Flugzeug nach Grenoble saß, wußte ich, ohne von meinen Unterlagen aufzuschauen, wann wir Lyon überflogen. »Legen Sie Ihre Sicherheitsgurte an, wir durchqueren eine Wetterzone mit einigen Turbulenzen.«

Das Wetter zeigt uns an jenem Tag die kalte Schulter, es ist uns ganz offensichtlich feindlich gesonnen. Wir landen in Marignane bei strömendem Regen, zu dem nachmittags noch starke Windböen hinzukommen.

Mittagessen im Presseclub von Marseille. Um ein kaltes Buffet herum plaudern wir mit den Journalisten. Dann setzen wir uns im Kreis um die Mikrophone. Edmonde, die befreundete Gastgeberin, stellt alle kurz vor. Chevènement zeigt sich offensiv. Trotz »einer Kampagne, die mit allen Kniffen und Tricks gewürzt ist«, sagte er uns immer wieder, zieht er seinen letzten Trumpf: »Es ist wie im Krieg, wenn Sie selbst auf dem Boden des Schützengrabens liegen und die anderen oben auf dem Hügel stehen ... Entweder geht es gut, oder alles ist verloren ...«

Drei Wochen vor der Wahl, noch immer sind die Positionen in den Grundsatzdebatten nicht klar, und er wettert gegen diese Inkonsequenz. Doch weit gefehlt! Die ersten Fragen drehen sich um Bernard-Henri Lévy und seine nicht ernst zu nehmende Liste »Sarajevo«. Gefolgt von denen zu Michel Rocard. »Ein schändlicher ›Maastrichtia-

ner««, so unser Chef. Und von Bernard Tapie spricht er als
»dem für Maastricht Entflammten«. Die ungewöhnliche
Formulierung findet Gefallen.

Gegen 14 Uhr 30 löst sich das Ganze auf. Dann ein Termin am Alten Hafen, ein Zusammentreffen der »Anderen
Politik« mit den Medien.

Starker, dichter Regen erschwert den Weg dorthin.
Ein wahres Unwetter. Stühle, Tische, Mikrophone sind
bereitgestellt worden, als das Wetter kurz besser schien.
Wir haben uns zwischenzeitlich in ein Café ganz in der
Nähe geflüchtet und warten darauf, daß dieser Sturzregen aufhört oder zumindest schwächer wird. Die Aktiven aus der Region, herzlich und seit unserer Ankunft
immer dabei, rackern sich ab, sie gehen ständig zwischen den Quais und unserem Zufluchtsort hin und her
und versuchen, mit ihrem bereitwilligen Optimismus den
katastrophalen Wettervorhersagen etwas entgegenzuhalten. Sie laufen von einem Regenschirm zu einem Journalisten, von den Kameramännern des Fernsehens, die
sich unter ein Vordach zurückgezogen haben, zu uns.
»Das Wetter klart auf... Wir ziehen das durch... Ihr
werdet sehen.«

Zu hören, wie sie untereinander reden, erheitert mich.
Ihr Akzent scheint mir die wahre Waffe gegen den Regen
und die Niederlage zu sein. »Weißt du, in Marseille
gibt es so eine Redensart, Jean-der-weint und Jean-derlacht... Die Sonne wird rauskommen... Du wirst
sehen ...« Ich hab es gesehen, wir haben es gesehen.

Die Zeit vergeht. Die geladenen Personen können nicht
endlos warten. Der Nachmittag verwässert, geht im Regen
unter, ein Wolkenbruch folgt dem anderen, die Versammlung zerstreut sich, die Mehrzahl der Journalisten ist bereits

gegangen. Wir schnappen uns ein paar treue Seelen und antworten im Café auf ihre Fragen.

Gemäß dem Aberglauben meiner Kindheit wäre diese Wut des Himmels eine Warnung. Bedenken Sie nur, ein solcher Regen, so heftig, so lang anhaltend, so feindselig, Ende Mai in einer der sonnigsten Gegenden Frankreichs, das mußte zwangsläufig ein schlechtes Omen sein. Wir waren verloren, wir hatten verloren. Eine unausweichliche Weissagung. Ich verlasse die Diskussion, die im Gange ist, und gehe ins Hinterzimmer, um meine Mutter anzurufen. Warum eigentlich? Um zu hören, was es Neues gibt? Gestern habe ich lange mit ihr gesprochen, sie schien beruhigt. Keine dringende Notwendigkeit also, hingegen verlangt unser Marseiller Wahlkommando unsere ständige Verfügbarkeit. Aber ich weiß, daß ich jetzt Fritnas Stimme hören muß, ich muß ihr von unserem Abenteuer erzählen, das unter schlechten Vorzeichen begonnen hat, ich muß sie an meiner Rede von heute abend teilhaben lassen, an unserer Angst davor, zu sehen, wie alles schiefgeht. »Mama, ich rufe aus Marseille an, wie geht es dir seit gestern?« Wie jedesmal, wenn ich aus der Provinz oder dem entfernteren Ausland, Mexiko oder Peking, anrufe, scheint Fortunée glücklich, mich zu hören. Sie hat einen lebhafteren, manchmal fast fröhlichen Tonfall. Ist sie von diesem Zeichen der Fürsorge aus der Ferne gerührt? Fühlt sie sich wichtiger, geliebter, wenn die Worte über die überregionale oder internationale Leitung zu ihr gelangen? Im Augenblick versichert sie mir, daß die »schkoumoune« nicht unabänderlich etwas mit dem Zusammentreffen des schlechten Wetters zu tun habe. »Du wirst sehen, das kriegt ihr hin, manchmal ist der Anfang schlecht, aber dafür das Ende gut . . .« Eine Mut machende, mir nahestehende, fast zärtliche Fortunée.

Während ich ihr zuhöre, und je länger ich es mir wünsche, finde ich den mütterlichen Tonfall, den ich immer vermißt hatte. So entwickle ich mich in meiner Beziehung zu ihr, ohne es zu realisieren, immer wieder zurück, folglich gebe ich mich nun meinen befriedigten Gefühlen hin. »Überanstreng dich nicht, mein Liebling!« Ich bin ganz aus dem Häuschen, als ich auflege, ich fühle mich wie neugeboren und gehe an den Tisch der Journalisten zurück, denen ich den Erfolg unserer Liste verspreche.

Es regnet noch stärker, wir klappen unsere Regenschirme auf, um uns in wildem Gewühl in die Metro zu drängen. Edmonde geht vorn. Sie denkt an alles und hat sich sogar einen Vorrat an Fahrkarten für die ganze Truppe zugelegt. An der Zielhaltestelle angekommen, machen wir uns alle auf den Weg zum Veranstaltungsort. Ein kleiner Saal für eine kleine Veranstaltung mit kleinem Publikum natürlich. Doch wir sehen uns bereits bei dem großen Treffen, das am Abend geplant ist, für das Tausende von Einladungen verschickt worden sind, Dutzende von Beilagen in den Zeitungen . . . wiederholen die einheimischen Kameraden zum zwanzigsten Mal.

Ich warte das Ende der »kleinen« Veranstaltung nicht ab und melde mich zur verabredeten Zeit in den Studios von FR3 Marseille. Einiges Hin und Her, die unvermeidlichen technischen Schwierigkeiten, die Synchronisation mit Paris, die nicht pünktlich klappt. Endlich die liebenswürdige Stimme von Christine Ockrent, der Versuch, mit der Diskussion zu beginnen, »Gisèle, kann's losgehen?« »Nein«, kommt der Techniker dazwischen, »wir haben kein Bild von euch.« Einige erneute Bemühungen, der verteufelte Bildschirm bleibt leer, es ist zum Verzweifeln ... Ich habe nur eine halbe Stunde, bevor ich zu der großen Veranstaltung muß, und die Debatte hat noch nicht einmal begonnen. »Es hilft nichts«, entscheiden die Verantwortlichen, »dann sprechen Sie eben ohne Bild.« Da ich mir nicht bewußt bin, wie schwierig das ist, zögere ich nur kurz und höre, wohl oder übel, der Vorstellung der Journalistin und den ersten Worten der Anhängerin Villiers zu. Ich merke schnell, wie sehr ich dieses Handikap unterschätzt habe. Zu diskutieren, ohne seinen Gesprächspartner zu sehen, ohne ein Bild vom Gesicht seines Gegenübers zu haben, das genausoviel, wenn nicht mehr ausdrückt als die Stimme – den Sinn, die Färbung des Inhalts oder die Reaktion auf meinen Gesichtsausdruck –, ist ein befremdliches, irreales Unterfangen. Ich sitze der Kamera genau gegenüber, die Stimmen aus Paris kommen von der Decke, sie hallen in dem Raum, es gibt ein leichtes Echo, und die Phantome haben noch immer kein Äußeres. Ich fühle mich unbehaglich und schaukle auf meinem Stuhl, was den Techniker zu verärgerten Gesten veranlaßt, »vorsichtig, bewegen Sie sich nicht, vorsichtig ...«. Ich meine mich zu erinnern, daß es einen Schnitt gab. Es war keine Live-Übertragung, also ein neuer Versuch. Noch immer kein Bild aus Paris.

Eine grauenhafte Angelegenheit. Im Gerichtssaal, bei Vorträgen, bei Veranstaltungen kann ich nur überzeugend sein, wenn ich mich persönlich, fast physisch, an die Richter, ans Publikum, an die politischen Mitstreiter wende. Indem ich ihnen in die Augen schaue. Was zweifellos auch der Grund dafür ist, daß mich der Auftritt in der Nationalversammlung so sehr enttäuscht hat. Dort das Wort zu ergreifen, von einer Tribüne herab, sich an ein paar Abgeordnete zu wenden, die damit beschäftigt sind, ihre Post zu erledigen oder Zeitung zu lesen, und dann noch in einem ungenügend beleuchteten Halbkreis – all das hinderte mich daran, meine Rede lebendig und direkt, von Mensch zu Mensch, zu gestalten. Ich sah die Gesichter meiner Gesprächspartner kaum, und das störte mich enorm. Ich konnte mich nicht, wie die meisten Abgeordneten, damit zufriedengeben, stumpfsinnig die Rede herunterzulesen, die man dann am nächsten Tag im *Journal officiel* wiederfand . . . und von der Auszüge für die Wähler des Wahlkreises ausführlichst ausgewertet würden.

In diesem Marseiller Studio ist es um einiges schlimmer. Ich höre Stimmen und versuche, da ich nicht Jeanne d'Arc bin, sie aufs Geratewohl den Personen zuzuordnen. Daher, so sagte man mir, das seltsame Hin und Her meines Blickes – »du hast deine Augen wie Kugeln gerollt« –, mal schaue ich zur Decke, dann wieder auf die Wände. Da mir jeglicher visuelle Anhaltspunkt fehlt, versuche ich, meine Worte dorthin zu richten, wo ich meine Partner vermute. Vergeblich. Ich komme ins Schleudern, fühle mich in meiner Haut nicht wohl, bin unkonzentriert, alles kommt zusammen, und folglich bin ich an jenem Tag ein schlechtes Aushängeschild für die »Andere Politik«.

Mein Auftritt ist um so mittelmäßiger, als meine Herausforderin ihre Rechnung mit der großen Verfechterin der Abtreibung begleichen will, die ich in ihren Augen verkörpere. Und mit den schlechten Umgangsformen, die mein Feminismus bedeutet. Wie vorhergesehen ist ein Dialog nicht möglich, ein Dialog der Gehörlosen . . . doch für mich, mehr noch, ein Dialog der Gehörlosen und Blinden.

Unzufrieden mit FR3, dem Wetter und mit mir selbst, mache ich mich schnell zu der großen Abendveranstaltung auf. Der erste Anlaß zur Sorge ist die lange Fahrt dorthin und ein Taxifahrer, der den Weg nicht kennt. »Das Moulin-Theater ist nicht sehr bekannt...« Ich sehe die Straßen, die Gebäude, immer weiter vom Zentrum entfernt, an mir vorüberziehen. »Sie sind in einem abgelegenen Stadtteil hier... Wir kommen in die schwierigen Viertel...«, kommentiert der Taxifahrer. Nach fast vierzig Minuten Fahrt und vielen Umwegen setzt er mich endlich vor einem Gebäude ab, das aussieht, als beherberge es ein Vorstadtkino. Unsere große Versammlung findet in einem Saal statt, der trist und kalt ist, mit unbequemen Stühlen, und die Atmosphäre von alten Vorhängen ausstrahlt, dabei aber mit Plakaten der »Anderen Politik« tapeziert ist. Wenige Leute zur vereinbarten Zeit, trotzdem fangen wir schließlich an, während die Parteimitglieder die »Besucher« unserer Veranstaltung zu den ersten Reihen führen. Ein Journalist, der Ballettmeister, ist zuständig für die Reihenfolge der Redner auf der »Bühne«, einem runden Tisch, wobei die Rede von Jean-Pierre Chevènement den finalen Höhepunkt bilden wird.

Mir ist kalt, und ich bin irgendwie traurig. Daß unser Projekt in einer Stadt wie Marseille nur so wenig Publikum hat, daß wir aufgrund fehlender Mittel gezwungen sind, in diesem Saal zu sprechen, der jegliche Hoffnung schon gleich zunichte zu machen scheint, daß die Begabung und die Überzeugung von Jean-Pierre Chevènement an diesem Abend nur in einer Art Selbstbeweihräucherung ihren Ausdruck finden, all das demoralisiert mich. Ich wälze diese Gedanken in meinem Kopf, als ich an der Reihe bin, nach vorn zu treten. Direkt vor der Rede

Jean-Pierre Chevènements. Ich bin geistesabwesend, ohne jegliche Begeisterung und Inspiration. Worüber werde ich sprechen? Die Parität natürlich, wie abgesprochen, doch wie soll ich überzeugen, mit dieser Laune?

Ich nehme das Mikro.

Genau in diesem Augenblick fühle ich mich um Jahrzehnte zurückversetzt und hänge den Gefühlen nach, die ich bei meiner ersten Annäherung an dieses Land empfand. Ich bin plötzlich wie losgelöst von dem Saal, von unserer Wahlveranstaltung, ich mache einen unsicheren Versuch. Was bedeutet Marseille für mich?

Ich will die Antwort auf diese Frage als eine Art Motto vor meine politischen Ausführungen stellen.

Weil diese Erinnerung so stark ist oder mangels Inspiration? Ich weiß es nicht. Beides, wie so oft. Jedenfalls beginne ich, von meiner ersten Begegnung mit Marseille zu erzählen. Aufgrund der Lust, mich gefühlsmäßig an diese Stadt und ihre Bewohner zu binden, und gleichzeitig der Lust, das öffentlich zu tun? Oder weil es mir nicht gelingt, eine gut strukturierte, nüchterne und europäische Einleitung zu finden?

»Als ich in Marseille ankam, war ich achtzehn Jahre alt. Ich entdeckte das Frankreich, von dem ich durch die Bücher meiner tunesischen Heimat gehört hatte. Und von der Treppe ganz oben am Bahnhof Saint-Charles bot Marseille sich mir wie ein Wunder dar.«

Das Wunder in Marseille

1945, zu einem Zeitpunkt, als die Armeen der Alliierten Europa befreiten, gelang es mir, in Tunis einen Missionsauftrag für Frankreich zu bekommen. Ich wollte meinem Umfeld entfliehen und vor allem an allen Pariser Fakultäten studieren, Recht, Philosophie, Politikwissenschaften ... und sogar ein bißchen Medizin! (Allerdings habe ich mich nicht an die Prüfung, die man im vorbereitenden Pflichtjahr ablegen muß – Physik, Chemie und Biologie –, herangewagt.) Doch die Verbindungswege zur Metropole waren teilweise noch unterbrochen, und nur die ursprünglich aus Frankreich stammenden Franzosen sowie einige andere Privilegierte hatten ein Recht auf ihre Rückführung. Englische Jagdbomber, von den Franzosen »Marodeure« genannt, in Transportflugzeuge umgebaut, mit primitiven Sitzbänken, die im Bombenladeraum eingebaut worden waren, übernahmen den Luftverkehr, der im übrigen sehr beschränkt war. Um also reisen zu dürfen, brauchte man eine offizielle Bescheinigung, den vielzitierten Missionsauftrag, der von den französischen Behörden in ihrem Amtssitz in Tunis ausgestellt wurde. Welchen Auftrag konnte man mir also, mit achtzehn Jahren und zwei Abiturexamina in der Tasche, geben? Mein Entschluß, mich in Paris an der Universität einzuschreiben, reichte dafür natürlich nicht aus, obgleich ich mich leidenschaftlich daran machte, sie vom Gegenteil zu überzeugen. Daher setzte ich mich selbst für eine »humanitäre« und familienbezogene Mission von höchster Wichtigkeit ein.

Mein ältester Bruder Marcel, den wir, ganz italienisch, Marcelo nannten, wobei wir dies französisch aussprachen, war 1943 heimlich auf einem Schiff geflohen. Zweifellos ertrug er die fast hysterischen Streitereien nicht mehr, bei denen mein Vater ihn mit der Reitpeitsche verfolgte und meine Mutter »Édouard, hör auf, du bist verrückt, du wirst ihm ein Auge verletzen ...« schrie und sich, entsprechend der traditionellen orientalischen Sitte, ein paar Haare ausriß und so tat, als zerkratze sie sich mit ihren Fingernägeln die Wangen. Glücklicherweise behielt dieses schöne Gesicht, das aufgrund der Heftigkeit der Auseinandersetzung ganz aufgelöst und entstellt aussah, unversehrt seinen unvergleichlichen Glanz. »Eine Haut wie eine Rose (*ourda*)«, sagte Édouard in seinen guten Momenten.

In Frankreich war Marcelo von den Deutschen verhaftet und deportiert worden. Mehr als zwei Jahre lang kein einziges Wort, keine Nachricht, kein Zeichen von ihm. Nichts. Dieses Nichts, das dem Tod gleichkommt. Fortunée hatte jede Hoffnung verloren, ihn wiederzusehen. Wie bei André ließ sie auf ihn und die Schuld der Familie den bleiernen Deckel ihres Schweigens fallen. Sie empfand tief in ihrem Inneren eine riesige Traurigkeit und wollte Trauerkleidung tragen. Sie fragte die Rabbiner um Rat, und man sagte ihr, daß das verfrüht sei. Dennoch sorgte sie zu Hause für eine besondere Atmosphäre. Jegliche Vergnügungen, jegliche Musik, jegliche Einladungen wurden aus unserem Leben verbannt. Wir mußten schnell am Knopf des Radios drehen, sobald die ersten Worte eines Liedes oder die Klänge eines orientalischen Konzertes erklangen, auch wenn Édouard und sie es sehr gerne mochten. Wenn ich mich anschickte, das lustige Erlebnis einer Klassenkameradin zu erzählen, seufzte Fortunée: »Glaubst du wirklich, mir ist nach lachen zumute . . . Bitte, Gisèle, hör auf damit.«

Meine Mutter hatte jegliche Fröhlichkeit und Ausgelassenheit von zu Hause verbannt, was uns alle erdrückte. Wenn diese Zeit meine Schwester und mich nicht allzu sehr geprägt hat, dann aus dem Grund, weil die Pubertät uns vollauf beschäftigte durch die Entdeckung unseres Körpers, unseres Verlangens nach Freiheit, unsere Revolten. Das Gymnasium war für mich Zufluchtsort und gleichzeitig das Leben. Ich lernte, ich spielte, ich hing meinen Gedanken nach, ich las . . . kurz, ich wurde, weit weg von der familiären Enge, wieder das junge Mädchen, das nach Wissen dürstete und das, trotz allem, glücklich war zu leben.

Eines Tages, der genauso eintönig wie jeder andere war, erhielten meine Eltern ein Telegramm. Es befanden sich mehrere offizielle Stempel darauf: Rotes Kreuz, Armee der Alliierten . . ., der Brief kam aus Paris und teilte uns das mit, worauf niemand mehr zu hoffen gewagt hatte: Bei der Befreiung eines Vernichtungslagers in Deutschland war mein Bruder wiedergefunden, identifiziert und repatriiert worden. Lebend. Die wenigen amtlichen Zeilen gingen nicht näher auf seine Verfassung, den Ort oder den Zeitpunkt seiner Befreiung ein, und sie gaben auf keine dieser tausend Fragen Antwort, die einem durch den Kopf schießen, wenn die Überraschung und die riesige Freude erst einmal vorbei sind. Eine Pariser Adresse schien seinen provisorischen Unterbringungsort oder zumindest die Zentrale anzugeben, bei der er erfaßt und registriert worden war.

Da ich entschieden hatte, nach Paris zu gehen, beschloß ich, daß ich bestens geeignet sei, um ihn dort im Namen der Familie abzuholen. »Aber Sie sind gerade mal achtzehn Jahre alt! ... Es wäre besser, Ihre Mutter reisen zu lassen.« Der Beamte, ein Mann um die fünfzig, der mich zum zwanzigsten Mal an seinem Schalter sah – »ich komme, um mich zu erkundigen, ob mein Missionsauftrag unterschrieben ist« –, erschien mir weniger verärgert als die Tage zuvor. Meiner Dickköpfigkeit vielleicht ein wenig überdrüssig, aber gleichzeitig amüsiert oder interessiert, wer weiß, ob dieser komischen, abenteuerlustigen Person, die ich anscheinend war. Stellen Sie sich vor – ich verlangte, »repatriiert« zu werden, obwohl ich niemals in Frankreich gewesen war, ich machte mir Sorgen wegen der Einschreibungsfristen an den Pariser Universitäten, und ich hatte in dem Formular noch nicht das Kästchen »Adresse im Zielland« ausgefüllt – ich hatte keine –, und schließlich kam ich, um ihm zu verkünden, daß es in meiner Verantwortung läge, meinen nach Deutschland deportierten Bruder, der wieder in Paris war, zu empfangen.

Er las die wenigen Zeilen des amtlichen Telegramms immer wieder, als hoffte er, dort einen vernünftigen Grund für mein Vorhaben zu finden. »Und Ihr Vater? Und Ihre Mutter, meinen Sie nicht, daß es ihre Sache wäre, dorthin zu fahren?« Ich stammelte, daß mein Vater in einem Büro beschäftigt sei, daß seine Arbeit es ihm nicht erlaube zu fehlen, daß meine Mutter sich um das Haus kümmere ... um meinen kleinen Bruder, der noch nicht so alt sei (in Wirklichkeit war er zwölf), während ich ja »repatriiert« werden müsse, um in Paris zu studieren, außerdem sei ich die Älteste und habe meine beiden Abiturabschlüsse mit Auszeichnung gemacht ... Der verantwortliche Beamte, der mir inzwischen ganz vertraut war, lächelte schließlich. »Ihre beiden Schulabschlüsse werden Ihnen bestimmt nicht sagen, was Sie zu tun haben, wenn Sie in Paris ankommen.« Er wollte das wertvolle Telegramm, das an den gefalteten Stellen schon ganz abgewetzt war, in eine kleine Mappe legen. »Nein, bitte, ich brauche das, um meinen Bruder wiederzufinden ... Ich muß es behalten.« Mit einem Seufzer begnügte er sich damit, sich auf einem alten Umschlag ein paar Notizen zu machen, und gab es mir zurück. »Ich werde sehen, was ich tun kann ... Aber ich habe es Ihnen gesagt, es sind viele Leute vor Ihnen dran ...« Schon daran gewöhnt, oder zumindest fast, bedankte ich mich und warnte ihn, daß ich am nächsten Morgen wiederkommen würde. »Oh, nicht nötig, das zu sagen, ich rechne ohnehin damit«, und er gab der nächsten Person ein Zeichen, nach vorn zu kommen.

In diesem August stellte ich mich an jedem heißen und schwülen Morgen mit einer starrsinnigen Willenskraft und ohne die geringste Ungeduld in der Schlange an. Die angestellten Beamten der Behörde – heute würde man dazu Staatskanzlei sagen – arbeiteten in ihrem Rhythmus. Dieser war vor allem der einer Behörde, zudem südländisch und angepaßt an den brennend heißen Sommer jenes Jahres. Mir wurde weder eine Absage erteilt, noch wurde ich nach Hause zurückgeschickt, sondern aufgefordert, immer wieder und wieder zu kommen, im großen und ganzen immerhin auf freundliche Art. Ich glaube, der Monat war schon fast vorbei, als ein zweites Wunder geschah, nach dem der Auferstehung meines Bruders.

»Ah, dieses Mal haben Sie Glück ... es ist unterschrieben!« Kann ein Beamter glücklich darüber sein, zu sehen, wie ein Bürger nach endlosen Bemühungen sein Ziel erreicht? Oder war er einfach froh darüber, an seinem Schalter eine dickköpfige Person, die von nichts eine Ahnung hatte, loszuwerden? War es schlicht die Befriedigung darüber, eine – recht kleine – Aufgabe erledigt zu haben? Jedenfalls beschenkte er mich mit einem breiten Lächeln. »So, hier, jetzt können Sie ihn umarmen, Ihren Bruder!« Er reichte mir ein Papier, von dem er den Durchschlag abriß. Vorsichtig nahm ich den magischen Gegenstand und betrachtete ihn, bevor ich las. Mit den Streifen der Trikolore versehen, stand oben auf dem Blatt groß »Missionsauftrag«. Der Text berechtigte mich dazu, in einem Armeeflugzeug nach Frankreich zu fliegen.

Mein Traum von Flucht und Freiheit begann, Wirklichkeit zu werden. Mein Leben schlug an jenem Morgen den Weg in eine neue Richtung ein. Ich dankte meinem Gegenüber. Mit heiserer, bewegter Stimme. »Haben Sie eine gute Reise, und Vorsicht, Paris ist nicht ohne!« Kaum war ich zu Hause, hielt ich meinen Eltern triumphierend den Missionsauftrag unter die Augen. Zu meiner großen Enttäuschung reagierten sie kaum, sie glaubten es nicht. Dieses Papier teilte nicht ausdrücklich die Abreise mit. Und da sie von dieser Abreise nichts wissen wollten, glaubten sie auch nicht daran und dachten, ganz in der fatalistischen orientalischen Manier, daß die Zeit einiges ändern würde. Der *mektoub* hatte sein letztes Wort noch nicht gesprochen.

Doch schließlich kam der Tag, an dem ich voller Faszination Frankreich betrat, es »anfassen« konnte, seine Erde, die Blätter seiner Bäume, das wahre Frankreich, nicht das der Kolonialherren und der Verachtung, sondern das der Bücher und der Vernunft.

Kaum war ich in Paris angekommen, unternahm ich die notwendigen Schritte bei den Behörden, die für die Repatriierten und die Deportationslager zuständig waren. Das Durcheinander, das dort herrschte, kam vor allem daher, daß es mehrere Verzeichnisse nebeneinander gab, die außerdem nicht sofort aktualisiert wurden. Deshalb mußte ich mehrere Tage lang von einer Sammelstelle zur nächsten laufen, wo man mir dann sagte, daß mein Bruder gerade überwiesen worden war. Ich entdeckte die Metro, das Umsteigen in andere Linien, verfuhr mich, fuhr wieder zurück. Weder wurde ich ungeduldig, noch verlor ich den Mut. Ich schwelgte in einer Euphorie, die allem standhielt. Ich schwebte auf einer Wolke meiner neuen Unabhängigkeit; meine Zukunft gehörte mir. Meine Nachforschungen waren langwierig und recht schwierig. Mir wurden die widersprüchlichsten Informationen gegeben: So teilte man mir mit, daß Marcelo noch nicht aus Deutschland zurückgekehrt sei, um mir am nächsten Tag zu bestätigen, daß er Paris verlassen habe und auf dem Weg sei nach ... man wisse nicht wohin.

Ich hatte niemanden, der mir half, und ich wußte nichts von der ungeheuren Tragödie der Vernichtungslager, die gerade erst aufgedeckt wurde, und so spazierte ich fröhlich durch dieses Paris, das funkelte vor lauter Schönheit und Lichtern und das ich später, so nahm ich mir fest vor, ausgiebigst entdecken würde. Genauso, wie man einen geliebten Menschen nach und nach entdeckt, indem man den Zipfel des Schleiers anhebt, seinen Geruch, seinen Duft einatmet, seine Stimme auf sich wirken läßt, ihn berührt. Ich fühlte mich wirklich mit einer Mission betraut, und das reichte sehr wohl, um meine jugendliche Unerfahrenheit zu kompensieren. Und vor allem riß mich das Gefühl mit, Fortunée zu *ersetzen*, unter diesen Umständen *sie zu sein*. Vor meinem Abflug hatte ich ihr mit einer gewissen Feierlichkeit versprochen, daß ich ihren ältesten Sohn zurückbringen würde, daß sie dann den ungeheuren Kummer, der sie verzehrt hatte, vergessen und ihn wie früher in ihre Arme schließen würde. Ich gestand es mir selbst noch nicht ein, doch unbewußt hoffte ich, von dem Gelingen dieser Aktion zu profitieren. Meine Mutter würde mir dankbar sein, mir meine schrulligen Pläne verzeihen. Sie würde nicht anders können, als meinen Bemühungen, der Reise, meinen Nachforschungen Respekt zu zollen. Wer weiß, vielleicht würde sie vergessen, daß ich ein Mädchen bin, oder zumindest erkennen, daß meine Heldentat – einen Jungen, noch dazu den Ältesten, in den Schoß der Familie zurückzuholen – Anerkennung verdiente ... Ich malte mir in meinen ersten Träumen in Frankreich oft aus, wie auch ich in ihre Arme fallen würde, nachdem sie ihren Sohn mit Küssen überhäuft hätte. Dann spürte ich eine Art sinnlichen Schleier auf mir, die Seide ihres Blickes, die außergewöhnlich schwarzen Augen, den tiefen Glanz, auf den ich meine ganze Kindheit hindurch gelauert hatte.

Zu der Zeit gab es weder Fax noch Internet. Über das internationale Netz zu telefonieren war ein schwieriges und, vor allem für mich, kostspieliges Unterfangen. Daher begnügte ich mich damit, ein Telegramm zu schicken, um mitzuteilen, daß ich heil angekommen sei und mit meiner Tour durch die Büros der für die Repatriierung zuständigen Behörden begonnen hatte. Die Entfernung, wie ich sie erlebte, begünstigte einen besonderen Einschnitt. Ich hatte den Eindruck, daß meine Mutter, die mich nicht liebte, sich in den Fluten des Mittelmeeres aufgelöst hatte und daß von Tunis aus eine andere Mutter über mich wachte, die das Unglück, das Verschwinden ihres ersten Sohnes, völlig verwandelt hatte. Eine Mutter, die durch die Auferstehung eben dieses Sohnes mit Zärtlichkeit und Liebe erfüllt war. Ich, die ich kühn versucht hatte, seinen Platz einzunehmen, die Rolle des ältesten Kindes zu übernehmen, und mich schließlich aufgemacht hatte, ihn ihr vom anderen Ende der Welt zurückzubringen – ich konnte unmöglich nicht auch ein ganz klein wenig von ihrer Zuneigung abbekommen.

Ich brauchte fünf Tage, um die Spur Marcelos ausfindig zu machen. Zweifellos überraschte mein junges Alter, ließ meine Unkenntnis vom Krieg und dessen Schrecken meine Suche auf den ersten Blick wenig glaubwürdig erscheinen. Achtzehn Jahre alt, direkt aus den Kolonien in ein unbekanntes Land gekommen, allein, ohne Unterstützung oder Beziehungen, auf der Suche nach einem Bruder, der aus den Vernichtungslagern geholt worden war, eine surreale Situation ... Doch der offizielle Bescheid, den ich allen vor die Nase hielt, und meine wilde Entschlossenheit halfen mir, die Zweifel auf meinem Weg zu beseitigen.

Nachdem ich, mein Telegramm in der Hand, von einem Büro ins andere geschickt worden war, glaubte ich, ohnmächtig zu werden vor Freude, als ich mich endlich sagen hörte: »Ja, das ist er, genau, Nummer..., warten Sie...« Endlich hatte ich mein Ziel erreicht, ich hatte ihn wiedergefunden. Die liebenswürdige Dame, die weggegangen war, um seine »Unterbringungslokalität«, wie sie sagte, zu überprüfen, kam mit einem Zettel, der an das Telegramm geheftet war, zurück. »Ihr Bruder hat Paris heute morgen verlassen und ist auf dem Weg nach Marseille. Er schifft sich dort nach Tunesien ein. Hier die Angaben seines neuen Durchgangslagers.« Vor Schock blieb ich wie festgenagelt auf meinem Stuhl sitzen. Schließlich murmelte ich, daß ich ihn trotzdem sehen wolle, ob er sicher in Marseille sei, und bis wann... Die Dame, die ohne Zweifel Verständnis hatte, machte eine Bewegung auf mich zu. »Versuchen Sie, ihn telefonisch zu erreichen, bevor Sie sich auf die Reise machen. Das ist möglich, wissen Sie. Hier ist die Nummer des Lagerdirektors.« Sie mußte meine ungeheure Verwirrung spüren, denn ich bewegte mich nicht. »Kommen Sie«, sagte sie zu mir, während sie aufstand, »folgen Sie mir.« Wir gingen beide in ein winziges Büro, das vollgestopft war mit Akten, an dessen Wänden überall Listen mit verschiedenfarbiger Tinte hingen und in dem mehrere Personen sich, Ellbogen an Ellbogen, auf den Füßen herumtraten. Mein Schutzengel ging auf eine Ecke zu, nahm ein Telefon und verlangte eine Auswärtsverbindung und dann eine Nummer in Marseille. Sie kam zu mir zurück. »Jetzt ein bißchen Geduld, alle Leitungen sind überlastet, aber die Post wird uns zurückrufen.« Sie ging an ihren Tisch zurück und bedeutete mir zu bleiben. »Ich komme gleich wieder...«

Wieviel Zeit verging, bis ich das Klingeln hörte? Eine halbe Stunde, ein Stunde? Ich erstickte fast, so voll war es, und vom Warten wurden meine Beine ganz lahm. »Wie blaß Sie sind«, sagte die Dame, die das Klingeln ins Zimmer zurückgeholt hatte. Sie stürzte ans Telefon und schubste dabei ein wenig die Leute, die ihr ihm Weg standen. Sie sprach mit der Person am anderen Ende der Leitung, zweifellos der Lagerdirektor, übermittelte Daten, Transferierungsnummern und machte mir dann ein Zeichen. »Ihr Bruder wird gerade geholt, Sie haben Glück, Kleine!« Sie reichte mir den Hörer, und ein wenig zitternd wartete ich. »Hallo?« Eine unbekannte, sehr tiefe Stimme. »Hallo, ich bin's, Gisèle.« Kurze Pause: »Gisèle, deine Schwester...« »Oh, das kann nicht sein! Du? Gisèle? Nein! Das ist ja großartig... Aber wo bist du?« In wenigen Worten erklärte ich ihm meine Anwesenheit in Paris, meine Nachforschungen... Schon wurde mir zugewinkt, dieser einzige Apparat durfte nicht zu lange in Beschlag genommen werden. »Nimm heute abend den Zug, du hast die Adresse, morgen früh bist du in Marseille. Ich warte auf dich...« Ich mußte auflegen, meine Angst war nun hundertmal größer. Ich hatte kein Glück gehabt, als ich meinen Bruder um ein paar Stunden verpaßt hatte. Doch um jeden Preis mußte ich ihn in Marseille treffen.

Noch am selben Abend, mit einer Fahrkarte für die Dritte Klasse und einer kleinen Tasche in der Hand, bahnte ich mir im Pariser Bahnhof Gare de Lyon einen Weg durch die dichte Menschenmenge. Ein überlasteter Kontrolleur hatte sich damit begnügt, mir per Handzeichen den Zug nach Marseille zu zeigen.

Schließlich machte ich es mir in einem überfüllten Abteil bequem. Kaum fuhr der Zug los, holte ich mein Buch hervor. Ich las *Das schreckliche Jahr* von Victor Hugo, ein Werk, in dem die Besatzung von Paris und die Kommune den Gedichten etwas Tragisches geben. Victor Hugo, der unvergleichliche Visionär. Ich sagte mir, trunken vor Stolz, daß ich die Schauplätze dieser heroischen Epoche bald entdecken würde, gleich nach meiner Rückkehr aus Marseille.

Der Zug fuhr durch Frankreich, ich wollte nichts verpassen von diesem Frankreich, dessen Name hundert-, tausendmal in meinem Kopf erklungen war, hinausgetreten aus den Büchern, die ich gelesen hatte, aus meinen Träumen als Gymnasiastin, meinem fieberhaften Warten. Ich wollte die Landschaft sehen, die vorbeiziehenden Bäume in sattem Grün betrachten, meinen Nachbarn lauschen ... Und dann ging ich noch einmal die möglichen Drehbücher meiner Ankunft durch: Ich sehe Marcelo wieder, er berichtet mir alles; ich finde ihn nicht, er wurde anderswo hingeschickt ... Was sollte ich dann Fortunée sagen, sollte ich sofort nach Paris zurückfahren oder noch in Marseille versuchen, seine Spuren zu finden?

Marseille brachte mich Tunis näher, wider alle Erwartungen. Tunis, das ich sechs Tage zuvor verlassen hatte. Dieser Anfang einer Rückkehr verwirrte mich, beunruhigte mich fast. Ich holte mein Sandwich heraus. Durch die Scheibe betrachtete ich die Landschaft. Es stimmte, sagte ich mir, sie glich den Bildern, die ich mir selbst davon gemacht hatte. Genau das war Frankreich, im Septemberlicht, das langsam in die Nacht überging, und die Freiheit leitete meine Schritte. Eine Fülle, die meine Unruhe etwas milderte. Schließlich schlief ich ein.

Der Zug kam um 6 Uhr morgens, glaube ich, am Bahnhof Saint-Charles an. Ich nahm ein Taxi und kam ungehindert im Durchgangslager an, der Fahrer kannte sich aus, es war außerhalb des Stadtzentrums.

Alle dort schliefen noch, und der Wärter sagte mir, daß ich warten solle.

Um 7 Uhr 30 zeigte man mir in einem Büro auf einem Plan das Gebäude, in dem Marcelo sich befand. Das Lager bestand zur Hälfte aus Baracken und zur anderen Hälfte aus halbwegs gemauerten Gebäuden und erstreckte sich über eine große Fläche. Ich verlief mich ein wenig und kam schließlich am Schlafsaal an. Die Bewohner spazierten kaum bekleidet von einer Ecke zur anderen. Ich wagte nicht, über die Türschwelle zu treten. Ich entdeckte einen jungen, abgemagerten Mann, der gerade rausgehen wollte, und zeigte ihm das Telegramm mit dem Namen meines Bruders. »Er ist bei uns. Er ist im Waschraum, da lang ...« Ich lief in die angegebene Richtung, zu einem Sammelduschraum. Ein Mann wusch sich die Hände, wobei er sich selbstgefällig in einem notdürftig an der Wand befestigten Spiegel betrachtete. Dieses Bild starrte ich an. »Marcelo, du bist es!« Er drehte sich um und hielt seine eingeseiften Hände in die Luft. Einen kurzen Moment verharrten wir so voneinander entfernt. »Kleine Schwester, du hast es ganz alleine geschafft, Hut ab!« Wir umarmten uns lange. »Du hast dich gut durchgeschlagen, hervorragend ...« Er wich zurück. »Ich mache dich ganz voll Seife.« Marcelo war nicht mehr wiederzuerkennen. In zwei Jahren hatte er etwa vierzig Kilo abgenommen. Er, die Zielscheibe der Sticheleien seiner Klassenkameraden: »Plumpsack! Fettkloß! Dickarsch!«, war so mager, daß er aussah, als trage er die Klamotten eines Riesen. Eine so schmale, lange, absolut dünne

Gestalt, daß man dachte, sie müßte beim ersten leichten Schlag zusammenklappen.

Mit Mühe erkannte ich seine Gesichtszüge wieder, die Wangen waren eingefallen, die Nase sah zwischen den knochigen Wangenknochen wie angeklebt aus, zum Kinn zogen sich ein paar unschöne Falten ... Außerdem hatte er einen Schnurrbart, mein großer Bruder! Dieser breite, sehr dunkle Streifen über seinen Lippen verwandelte ihn vollends in einen Unbekannten. »Dieser Schnurrbart, du siehst komisch aus damit ...« Ich wollte nicht zuviel reden, ich konnte nicht, ich fühlte mich seltsam gegenüber diesem wiedergefundenen, neuen Bruder. »Komm, wir gehen raus.« Er legte seinen Arm um meine Schultern. »Wasch dir zuerst die Hände!« »Du hast recht«, und wir fanden, in einem Augenblick herzlichen Lachens, einen Teil unserer Jugend wieder. Die Barbarei, die sie hatte zerstören wollen, konnten wir noch nicht verstehen oder analysieren.

Ich begleitete ihn in den Schlafsaal, wo er seine Sachen zum Waschen über dem Bett verstaute und mich mit einem gewissen Stolz seinen Bettnachbarn vorstellte. »Meine kleine Schwester. Sie möchte an der Universität studieren, in Paris, sie hat die Reise gemacht, um mich zu finden.« Ich fügte hinzu: »Ich vertrete meine Mutter, sie konnte Tunesien nicht verlassen.« Ich drängte Marcelo, ein Telegramm zu schicken. »Liebe Mama ...« »Du weißt, daß man pro Wort bezahlt, nein, ›liebe Mama‹ brauchen wir nicht«, ermahnte Marcelo mich streng. Ich widersprach, doch schließlich fügte ich mich einem Kompromiß. Wir ersetzten es durch »Küsse« vor unseren beiden Unterschriften. Marcelo teilte darin seine baldige Ankunft in Tunis mit.

Und bis dahin? »Ich werde dich dem Direktor vorstellen. Ich werde ihn um die Erlaubnis bitten, dich im Lager schlafen zu lassen ... Nicht im Schlafsaal, das ist verboten. Doch wir werden sehen, wo ...« Marcelo setzte sich so gekonnt für die kleine Schwester ein, daß man sogar im Büro selbst ein Feldbett für mich aufstellte. Dann gingen wir, glücklich und zufrieden, Arm in Arm spazieren und zum Mittagessen.

Im Restaurant vollzog sich plötzlich die Veränderung. Mein Bruder schien mit einemmal abwesend, sein Gesicht grau, versteinert, er schwieg seit etlichen Minuten. »He! Marcelo! Wo bist du, der Kellner ist wieder weg, weißt du.« Da sprach er ganz leise. »Es war grauenvoll, ich kann es dir noch nicht erzählen ...« Und er zog den Ärmel seines Hemdes hoch und zeigte mir eine Nummer auf dem Unterarm, die mit violetter Tinte eintätowiert war. »Was ist das?« »Wir bekamen gleich nach unserer Ankunft Nummern ... Beim Appell wurde nicht unser Name aufgerufen, sondern unsere Nummer ...« Ich bekam eine Vorahnung des Schreckens, doch ich war erst achtzehn Jahre alt und hatte absolut keine Ahnung von den Verbrechen der Nazis, von denen man in Tunesien kaum etwas gehört hatte.

Was an diesem einzigen Tag zählte – denn Marcelo nahm am nächsten Morgen das Schiff nach Tunis –, waren die Freude, der Stolz und vor allem das Gefühl, daß ich durch eine Art phantastischer Osmose ein wenig Fortunée geworden war. Und zwar, weil sie ihn so sehr liebte, ihren ältesten Sohn, und weil sie so sehr auf ihn gewartet hatte! Ich hätte beinahe »beweint« geschrieben, doch ich kann mich nicht daran erinnern, auch nur einmal gesehen zu haben, daß sie sich in unserer Gegenwart der Verzweiflung hingab, so verschlossen und introvertiert war meine Mutter. Marcelos Name durfte nicht ausgesprochen werden. Er war davongelaufen, und Édouard verübelte ihm das sehr. Und dann hatte er durch dieses hartnäckige Schweigen vielleicht mit der Familie brechen, sich rächen wollen. Fortunée hatte einmal, ich hatte es gehört, zu einer meiner Tanten gesagt: »Ich weiß nicht, ob ich Trauer tragen muß ... Ich muß den Rabbiner fragen.« Doch ihre Stimme war fest. Heute hatte ich meine Mutter vertreten, und ich machte ihr in meinen Augen ein riesiges Geschenk, ich gab ihr ihren Sohn zurück. Im tiefsten Innern wußte ich, daß dies keineswegs der Fall war, doch ich überhöhte die Tatsache, daß diese zweimalige abenteuerliche Reise, Tunis-Paris und dann Paris-Marseille, das Ganze innerhalb weniger Tage und in einem unbekannten Land, ein Wiedersehen ermöglicht hatte, das ich als symbolisch ansah, im Namen meiner Mutter. Édouard zollte den Umständen wenig Anerkennung. Verzweifelt und gedemütigt durch die Eskapaden und das Versagen seines ältesten Sohnes in der Schule, hatte er sich zu einem »peitscheschwingenden Vater« gemausert. Seit dem Ausreißen seines Ältesten hörte man ihn nicht mehr. Folglich ging es um Fritna. Ich wollte mir unbedingt einreden, daß ich mit ihr verschmolzen sei, indem ich sie vertrat und für ihr Glück Sorge trug. All dies konnte nur in Form von Liebe wieder auf mich zurückfallen. Zwischen Marcelo und mir würde es wohl ein kleines Durcheinander geben, aus dem ich letztendlich den Nutzen ziehen würde.

Ich verbrachte die Nacht also im Lager und spazierte mit meinem Bruder durch Marseille. Diese Erkundung bewegte mich zutiefst, ich hatte das starke Gefühl, daß die Stadt für mich das bedeutete, was meine Sonne, meine

Wurzeln, die Geräusche und Gerüche »meines Zuhauses«
waren. Wir kletterten bis hinauf zu Notre-Dame de la
Garde, deren römisch-byzantinische Architektur mich an
die der Kathedrale Saint-Louis auf dem Gipfel des Hügels
von Karthago erinnerte. »Wußtest du, daß diese Stadt mehr
als zweitausendfünfhundert Jahre alt ist ... Sie hieß Mas-
salia, die phönizische Stadt ...« Marcelo hielt in der einen
Hand die Karte, die er sich geliehen hatte, und mit der
anderen wies er weit ausholend über das Panorama zu
unseren Füßen. »Na los, gehen wir wieder runter, Ma-de-
moi-selle ...« Er imitierte den Akzent von César-Raimu,
und ich machte daraufhin Fanny-Orane Demazis nach;
wir brachen in lautes Gelächter aus. Auf wundersame
Weise waren wir plötzlich wieder ins Leben versetzt.

Am späten Nachmittag begleitete Marcelo mich zum
Bahnhof Saint-Charles. Der Einstieg in das große Abenteuer: in Paris zu leben.

Wir umarmten uns. »Sag Mama, daß ... ich an sie
denke, daß ich sie sehr liebe.« Mein Bruder lächelte, überrascht von dieser ein wenig feierlichen Erklärung. »Ich
werde ihr alles sagen ... und ich werde dir schreiben.« Bei
der Abfahrt des Zuges empfand ich unendlich viel Dankbarkeit für diesen verkannten Bruder, der mir versprochen
hatte, bei meiner Mutter ein gutes Wort für mich einzule-
gen, ihr, kurz gesagt, zu beweisen, wie sehr ich *sie* war ...

... An jenem Abend im Juni 1994, auf der Bühne des
Moulin-Theaters, hatte ich diese Geschichte natürlich zu-
sammengefaßt. Nur ein paar Andeutungen. Eine politische
Versammlung eignet sich schlecht für diese Art persön-
licher Rede, doch es war mir wichtig gewesen, daran zu

erinnern, daß Marseille für mich genau das war, eine Stadt, die ich über eine tiefe gefühlsmäßige Beziehung, eine so starke Empfindung kennengelernt hatte, daß sie meine achtzehn Jahre ganz durcheinander brachte. Ich fuhr mit der politischen Gleichstellung der Frauen fort – war es wirklich eine Fortführung? – und erläuterte die Forderung nach einer Änderung der Verfassung, um das Paritätsprinzip darin festzuschreiben.

Ich wechselte den Ton. Ich wurde wieder die Anwältin, die linke Feministin, die Nummer zwei der Liste für die »Andere Politik«.

Jean-Pierre Chevènement beendete den Abend mit einer brillanten Rede, und die Trübseligkeit, die von den Bedingungen (die »erbärmlich« waren, wie einer von uns zu sagen wagte) dieser öffentlichen Versammlung herrührte, verschwand. Auf jeden Fall würden wir unsere fünf Prozent schaffen, das stand fest.

Wir flogen um zwei Uhr morgens zurück. Chevènement bereitete noch für den nächsten Morgen eine Intervention in der Nationalversammlung über eine Verteidigungsfrage vor. Die Journalisten enthielten sich jeglichen Kommentars und vervollständigten ihre Notizen.

Und ich träumte weiter, mit geschlossenen Augen.

Das Ende einer Abwesenheit

23. Januar 1995 – ein Montag.

Wie jeden Morgen rufe ich, bevor ich in meine Kanzlei gehe, im Krankenhaus an. Zuerst die Ärzte oder, wenn sie nicht zu erreichen sind, die Schwester, dann direkt Fritna.

»Hat meine Mutter eine gute Nacht gehabt? Wie ist ihre Atmung?« Offensichtlich bin ich an eine neue Angestellte geraten: Sie stammelt, weiß nichts, sagt mir schließlich, daß sie mich an die Schwester weiterreiche. »Sie ist auf dem laufenden ...« Langes Schweigen. Die Schwester läßt auf sich warten. Auf gut Glück rufe ich ein paarmal ungeduldig »Hallo! Hallo!« in das Telefon, bleibe aber ungehört. Eine Stimme empfiehlt mir lediglich, am Apparat zu bleiben. »Guten Tag, Frau Halimi ...« Es ist der Assistenzarzt, ich erkenne seine Stimme. »Wie geht es meiner Mutter heute morgen?« Stille, dann erstaunt: »Aber Madame ...«. »Bitte legen Sie nicht auf!« Einige Sekunden später: »Aber Madame, wurden Sie nicht benachrichtigt?« »Worüber?« Im Grunde weiß ich es. Selbst in dem Augenblick, in dem ich die Frage stelle, weiß ich es. Ich höre: »Ihre Mutter ist verstorben ... Ich dachte, daß man Sie davon in Kenntnis gesetzt hätte.« Ich protestiere, niemand hat mich angerufen. »Wie kann das sein? Wir haben Ihren Bruder benachrichtigt. Er war derjenige, der das Einlieferungsformular ausgefüllt hatte, er wurde benachrichtigt, so ist die Regel«, antwortet der Assistenzarzt erregt und ein wenig beunruhigt. (Bei diesen Anwälten, die die Medienwelt kennen, weiß man nie.) »Sie hätten mich ebenfalls benachrichtigen müssen. Ich bin ihre Tochter und stand in regelmäßigem Kontakt zu Ihrem Vorgesetzten ...« Ich spreche die letzten Worte kaum noch aus, meine Mutter ist tot, das nimmt meinen ganzen Schädel, mein Herz ein, und diese Diskussion hat keinen Sinn mehr. »Jedenfalls danke.« Der Arzt fährt fort, sich zu rechtfertigen. Ich lege auf.

Ich mache ein paar Schritte durch mein Schlafzimmer, ich bleibe vor dem großen Spiegel dem Fenster gegenüber stehen. Ich gehe so nah heran, daß ich mich nicht mehr sehen kann, ich starre mich in Großaufnahme an, ich klebe buchstäblich an meinem verzerrten Spiegelbild, meine Augen tun mir weh davon, sie brennen plötzlich.

Um eine Stimme, die Reaktion eines nahestehenden Menschen zu hören, nehme ich mein Telefon. Gaby weiß es bestimmt noch nicht. Ich rufe sie an.

Einsilbig murmelnd bestätigt Gaby, daß sie die Nachricht vernommen hat. Mich schaudert noch davon. Ich habe es ihr gerade gesagt. »Mama ist in der Nacht gestorben.« »Ja«, sagt sie noch einmal. »Die Beerdigung findet übermorgen in Bagneux statt.« »Ich werde es Nadia sagen«, antwortet sie. Nadia, ihre Tochter, die seit fast zwanzig Jahren in Israel lebt.

Meine Mutter war ein- oder zweimal nach Israel gefahren. Ich erinnere mich, wie sie nach ihrer Rückkehr sagte, daß sie dort begraben werden wolle. Um ein paar Jahre später zu erklären, daß sie diesbezüglich keine Vorlieben habe. Noch nicht einmal Tunis, die Heimat, in der ihre

Vorfahren begraben sind? Oder Nizza, neben Édouard, an diesem großartigen Aussichtspunkt über der Bucht? Nein. Nirgendwo. Oder überall. Doch sie lehnte jedes Gespräch über das Ende, den Tod ab. »Weshalb sollten wir über diese Dinge sprechen?« sagte sie ungeduldig. Wir haben nicht darüber gesprochen. Wir werden niemals mehr darüber sprechen.

Nadia war sicherlich traurig über den Tod ihrer Großmutter, der sie sich sehr verbunden fühlte. Was übrigens so weit gegangen war, daß sie sich sichtlich von Gaby, ihrer Mutter, entfernt hatte, der sie ihren Atheismus, ihren Kommunismus, ihre Ehen mit *Gois* vorwarf. Den Bruch mit Fritna mal außer acht gelassen.

Im Moment aber sorge ich mich wenig um Nadia und ihren Seelenzustand. »Ich weiß nicht, ob sie zur Beerdigung kommen kann, sie arbeitet, weißt du . . .«, fährt Gaby fort. Ich höre nicht zu. Egal, was Nadia macht, ich spreche mit meiner Schwester: »Hör zu, ich werde dir erklären, wo wir uns auf dem Friedhof treffen . . .« Gaby ist es, die ich unbedingt an meiner Seite haben will, und sonst niemanden. Wir haben soviel gemeinsam zu beerdigen. »Es nutzt nichts, Gisèle. Ich werde nicht kommen.« Sie sagt es mit neutraler Stimme, ohne Emphase, fast im Beamtenton.

Kann sich eine Tochter – und sei sie von ihrer Mutter noch so wenig geliebt worden – dem letzten Abschied entziehen? Dem Abschied von einem Leben, wodurch der Kreis wieder geschlossen wird, aber auch der Abschied von diesem Teil der Kindheit – Gabys und meiner Kindheit –, den uns ihr Tod entreißt. Was nach Édouard von dem Schutzwall noch geblieben war, ist nun eingestürzt. Nun heißt es, selbst in die vorderste Linie zu schreiten, sich der letzten Etappe zu stellen.

Gaby wiederholt ihre Weigerung. Ganz ruhig. Ich beharre darauf, daß sie kommen soll, fühle mich aber in meiner Argumentation unbehaglich. »Fortunée ist tot, es ist vorbei ... Trotz allem war sie unsere Mutter ...« »Für mich war sie keine Mutter«, fällt mir meine Schwester ins Wort. »Ich habe mit ihr gebrochen, endgültig ...«

Ich fühle mich gegenüber dieser kalten Entschlossenheit ohnmächtig. Im übrigen ist alles kalt, Gabys Worte, der Körper meiner Mutter, die emotionale Leere. Ich fange wieder an zu zittern. Es gibt den Tod und die Zweideutigkeit der letzten Pflichten.

»Für mich ist sie seit langem tot.« Wer hat recht? Zweifellos Gaby in ihrem perfekten Einklang mit sich selbst und ihrem Mut. Im Grunde bewundere ich sie. Was für eine Stärke, diese »kleine« Schwester! Sie verweigert dem Tod ein Vorrecht – die Macht, die gegensätzlichsten Gegebenheiten mit einem Schlag zu verwischen, zu vereinen, miteinander zu verschmelzen –, sie bietet ihm die Stirn. Für sie verdient der Tod, der das Fehlen von Liebe und das Fehlen einer Mutter auf ewig unabänderlich macht, keine besondere Beachtung.

»Wie du willst, Gaby.« Ich weiß nicht mehr so recht, wie ich selbst dazu stehe. Ich schweige.

»Aber du weißt ...« Auf beiden Seiten ein kurzes Schweigen. Es gibt nichts mehr zu sagen. Ich werde auflegen, doch Gaby erwischt mich noch. »Und du, gehst du zur Beerdigung?« Ihr Tonfall hat sich geändert. Unterdrückte Heftigkeit schwingt in der Frage mit. Gaby will es wissen. Will sie auch über mich urteilen? Erbärmlich, ohne Einfluß auf ihre Logik, antworte ich in einem Atemzug: »Ja, ich geh hin, tja, ich mach das so.« Gaby wird ihre eigene Mutter nicht beerdigen. Ich werde hingehen.

Feigheit, Sturheit, letzter Beweis einer unglücklichen Liebe, alles zugleich? Unmöglich, dieses Durcheinander zu entwirren. Doch ich werde hingehen. Ich frage mich sogar, ob ich nicht noch die Hoffnung habe, meine Antwort zu finden, im Schweigen der Gräber.

Ich rufe meine drei Söhne an. Ich kann keinen erreichen und hinterlasse Nachrichten auf dem Anrufbeantworter. »Deine Großmutter ist letzte Nacht gestorben.« Ich sage oft, und nur scheinbar im Spaß, im Grunde beschwere ich mich: »Ich habe drei Söhne gezeugt. Jetzt habe ich nur noch drei Anrufbeantworter.« Sechs, neun, wenn man die der Büros und der Handys dazuzählt. Diese Mitteilung über den Tod seiner Großmutter folgt bei Jean-Yves, dem Anwalt, direkt nach einer Nachricht mit dem Termin für ein Plädoyer, bei Kamoun einer über einen abzuliefernden Artikel und bei Manufô einer Info für die Sendung am Abend. Was soll's! Sie würden es wissen, und ich fühlte mich weniger niedergeschlagen.

Jean-Yves reagiert als erster. Er fragt mich nach Einzelheiten, die ich ihm nicht liefern kann. Nachts gestorben, doch wie? Hat sie nach jemandem gerufen? Hat sie gelitten? Seine Stimme ist tonlos, er hat seine Gefühle nur schwer unter Kontrolle. Kamoun und Manu fragen lediglich, ob der Termin der Beerdigung schon feststeht. Ich werde das mit meinem Bruder Henri besprechen, ich werde sie zurückrufen. Sie oder ihre Anrufbeantworter.

Ich muß ins Krankenhaus. Ich bitte meine Sekretärin, die Termine und Zusammenkünfte für den Tag abzusagen.

In Wahrheit bleibe ich lange in meinem Zimmer, allein, wie ich es mir wünsche. Ich empfinde überhaupt keine Trauer. Zweifellos habe ich es seit langem erwartet, mit neunundachtzig Jahren ist sterben nicht mehr sterben, sondern ein sanftes Abschiednehmen, wie es sein soll, man kann nicht ewig auf Erden sein, es ist eben eine Frage der Lebensart. Dennoch eine Art Erleichterung.

Als Édouard schon drei oder vier Tage mit dem Tod kämpfte, wartete ich darauf. Ich hatte alles veranlaßt, daß er nicht litt. Ich hatte die nutzlosen Infusionen gestoppt. Er bekam bei Bedarf Morphium und röchelte zwar, doch er hatte keine Schmerzen. Sein sanftes, leichtes Lächeln bei seinem Tod ist der Beweis. Édouards letzte Tage kommen mir wieder in den Sinn. Meine Mutter hatte am Abend vor seinem Tod einige Stunden in der Küche zugebracht, um unser Abendessen vorzubereiten. Wir, seine drei Kinder (Marcelo in Nizza war nicht gekommen) und seine Enkel Jean-Yves und Kamoun waren einen ganzen Abend lang zusammen.

Manufô, zwölf Jahre alt, war in den Winterferien im »Isard Blanc«. War es falsch? Entgegen der einhelligen Meinung – seines Vaters, seiner beiden Brüder – entschied ich, ihn in den Pyrenäen zu lassen. Das Hereinbrechen des Todes in seine Kindheit zu verhindern. Er darf wissen, daß er zugeschlagen hat, aber er soll ihn nicht sehen, der Tod soll für ihn abstrakt bleiben. Für seine Erinnerung soll er sich das Bild eines Édouard erhalten, der wie immer lächelt, mit spöttischem Ton, und der sich selbst ein Schild mit der Aufschrift »ENDE« umhängt. Kein realer Tod, kein Leichnam für meinen jungen Sohn. Nicht jetzt jedenfalls, später, so spät wie möglich. Claude ruft den Direktor des

»Isard Blanc« an. »Sein Großvater ist gestorben. Denken Sie sich irgendeinen Hinderungsgrund aus – keine Plätze im Flugzeug, die Beerdigung gestern oder heute, damit Emmanuel seinen Aufenthalt nicht unterbricht...« Vermutlich wurde ich falsch beurteilt oder so, als sei ich mir der Tragweite meiner Handlungen nicht völlig bewußt gewesen. Man schummelt nicht, wenn es um den Tod geht, nicht einmal gegenüber Kindern? Gerade ihnen gegenüber. Ich war von Schweigen umgeben. Man wollte mich nicht noch mehr auf die Probe stellen. Und so kam es, daß Manufô weiter Ski fuhr und nicht der Beerdigung von Édouard dem Großartigen beiwohnte.

Bei Fritnas Tod heute ist die Erleichterung anders. Riesig. Das Fehlen, das mich erdrückt hatte, verschwindet. Nimmt das Gefühl, daß Fritna fehlt, seinen Platz ein?

Fritna ist tot, das bedeutet das Ende der Abwesenheit. Der Leere, eben dieses Fehlens. Mit Fritna verschwindet für immer die Macht der fehlenden Liebe, die meiner zwangsläufigen Sehnsucht nach Liebe gegenüberstand und auf mir gelastet, mich gequält, sogar entfremdet hatte. Genausosehr wie eine leidenschaftliche Liebe. Ich hatte geschwankt, gefleht, gewartet, gehofft. Dieses Fehlen ist eines natürlichen Todes gestorben, wie jene, die es verursacht hatte. Das Fehlen des Fehlens. Auf alle Fälle unvermeidliche Narben.

Ich fühle mich anders, neu. Ich gewinne einen Teil innerer Freiheit zurück. Seltsamerweise eng mit der Trauer verbunden, eine Leichtigkeit des Seins.

Was bleibt, ist die Tatsache, daß ich immer verstehen wollte und daß sie das Gespräch immer verweigert hat. Ich werde es nicht wissen, ich werde es niemals wissen.

Wird sich meine Kinderkrankheit, die sich als Erwachsene in eine Neurose verwandelt hat, von selbst auflösen?

Jedenfalls atme ich leichter. Schon jetzt.

Sie hat mich so sehr leiden lassen. Zweifellos war meine Verzweiflung in manchen Momenten dem Haß nahe, und ich wünschte mir im Unterbewußtsein, daß sie verschwindet, damit das Leiden verschwindet. Um kurz darauf wieder in dieses unsinnige Warten zu verfallen, auf eine liebevolle Geste, ein liebevolles Wort einer Mutter zu ihrer Tochter.

Édouard nannte mich *aziza* (Liebling) oder in seinen Momenten poetischer Zärtlichkeit *doye anayé* (Licht meiner Augen). Fritna hatte sich für mich niemals einen Kosenamen ausgedacht, einen dieser Spitznamen, die reine Produkte der Liebe waren. Eines Tages hatte ich vorgeschlagen: »Weißt du, in der Schule, meine Freundin Jacqueline, weil wir richtige Freundinnen sind, nennt sie mich ›meine Gisou‹.« »Gisou?«, hatte meine Mutter erwidert. »Das klingt zu französisch.« Sie blieb bei Gisèle, neutral an den guten Tagen, drohend und unterdrückend an den anderen.

Manchmal beschloß ich: »Sie *muß* mich lieben, sie ist dazu verpflichtet.« Im Namen des Gesetzes. Welches Gesetz? Das der Moral, der Pflicht, der Mutterliebe. Ich erinnere mich, daß ich eines Tages einige Verse von Victor Hugo auf ein Blatt aus meinem Tagebuch für sie abgeschrieben hatte, über die ich gesetzt hatte: »Für Dich, meine Mama«.

Oh, die Liebe einer Mutter! Liebe, die man nie vergißt
Wunderbares Brot, das ein Gott teilt und vermehrt
Ein stets gedeckter Tisch im Elternhaus
Jeder bekommt ein Stück davon, und alle haben es
ganz.

Jedes Wort bestürzte mich. »Liebe ... teilt ... vermehrt ...«, und das »jeder bekommt ein Stück davon« gestand mir ein Anrecht darauf zu. Ich gab es Fortunée so gut ich konnte zu verstehen. Diese begnügte sich damit zu sagen: »Das ist sehr hübsch, wann hast du das gelernt?« und ließ meine dringliche Nachricht in der Küche herumliegen. Es dauerte nicht lange, bis das Papier voller Fettflecken war, vom Spülwasser naßgespritzt wurde, im Mülleimer landete.

Während der letzten Stunden meines Vaters beobachtete ich Fortunée, um das Geheimnis ihrer Selbstbeherrschung zu ergründen. Der Mann, mit dem sie ihr Leben geteilt hatte, lag im Todeskampf. Man hörte ihn röcheln. Und Fortunée kochte.

Ich betrachtete sie von weitem, schwerfällig, in keiner Weise hübsch gekleidet, in einem Arbeitskittel (den sie »Hausmantel« nannte), über den sie eine große Schürze gebunden hatte. Ihre gezielten Handgriffe – ihre Art, das eine Gericht nachzusalzen und abzuschmecken, einen Salat zu mischen, die Fleischstücke eines *tajine* mit Zwiebeln im Schnellkochtopf umzurühren – waren die meiner Kindheit. Sie schien mir ein wenig gekrümmter am Herd zu stehen, nur ein kleines bißchen. Als ich mich ihr näherte, seufzte sie, begleitet von einem »möge Gott uns helfen« auf arabisch, ohne sich umzudrehen.

Der Sinn der familiären Pflicht? Eine Macht, die es ihr erlaubte, sich davon zu lösen, das Leiden in sich zu isolieren und sich um ihre hausfraulichen Tätigkeiten zu kümmern, als ob nichts wäre? Und die letzten Nächte, wie schaffte sie es, sich, nachdem sie ein leichtes Schlafmittel genommen hatte, neben Édouard zu legen, als sei er einfach schon vor ihr ins Bett gegangen, und in einen tiefen, nur von leichtem Schnarchen unterbrochenen Schlaf zu fallen? Wie schaffte sie das nur? War es ihr früheres Leben mit Édouard, oder ihre Kindheit, über die ich nichts wußte, die diese Frau zu dem gemacht hatten, was für mich jenseits alles Normalen war?

Als Jugendliche hatte ich mich darum bemüht, ein bißchen mehr über unsere Ursprünge zu erfahren. Ahnenforschung war in Tunesien ziemlich unüblich, von ein paar Gebildeten mal abgesehen. Als ich mich mit meiner Mutter darüber unterhalten wollte, herrschte sie mich an. »Was soll das denn nun wieder? Die Aristokraten versuchen herauszufinden, woher sie kommen, ob sie Graf oder Baron sind. Oder die Reichen, um ihr Vermögen weiterzugeben.« Den einfachen Leuten wie uns stand dies nicht zu. Sie waren unklarer, unbekannter Herkunft. Sie kamen gewissermaßen alle aus demselben großen Topf. »Wichtig ist Gott«, fügte sie hinzu. »Er führt die Herkunft aller auf einen Ursprung zurück, auf ›Abdel‹, das heißt auf etwas, das er von seinen Gnaden und ihm ergeben geschaffen hat.« Sie wiederholte häufig: »Gott bringt uns, Gott nimmt uns.« Diese wörtliche Übersetzung einer arabischen Redensart war Zeichen unseres Standes als erbärmliche Menschen. Warum sich also Nachforschungen über unsere Vorfahren aufhalsen? Als Ausdruck zusätzlicher Ungnade und damit das *mektoub* auch dieses blinde und unergründliche Schicksal bleibe, durften die einfachen Leute nur wenig über sich selbst wissen. Außer, daß sie dazu bestimmt waren, einfach und unglücklich zu sein und zu bleiben. Die Genealogie war eine Wissenschaft, die für die Mächtigen, die Reichen oder die Adligen erfunden worden war, und für uns nutzlos.

Doch meine Neugier wurde um so hartnäckiger. Es war mir gelungen, Édouards Abstammung ein wenig zu durchleuchten – er war Nachfahre jüdischer Berber. Daher rührte meine Leidenschaft für die Heldin einer Legende, die Kahéna.

Mein Großvater väterlicherseits, *Babah*, hatte mir ein paar Einzelheiten ihrer Geschichte erzählt. Eine Frau von großer Schönheit, die an der Spitze ihrer Armeen ritt, während ihr honigfarbenes Haar – eine aus dem Arabischen übersetzte Formulierung – ihr bis zu den Hüften herabfiel. Ich stellte sie mir mit einer roten Tunika bekleidet vor. Diese kämpferische Berberin hielt die Truppen des Arabers Hassan fünf Jahre lang in Schach. Die Kahéna war Jüdin, so *Babahs* Behauptung. Als große Kriegsstrategin erfand sie im 6. Jahrhundert die Taktik der verbrannten Erde, indem sie das Wasser aller Brunnen, die sie aufgeben mußte, vergiftete. Sie regierte mit der unumschränkten Machtbefugnis eines Militäroberhauptes über einen Teil Nordafrikas, vom Aurès-Gebirge bis Biserta, von Constantine bis Gabès. Als ihre Niederlage bevorstand, bat sie ihre Söhne, sich zu unterwerfen und zum Islam überzutreten, um mit dem Leben davonzukommen. Ihr Tod bleibt für die Historiker ein Rätsel. Einige behaupten, daß sie in Tunesien auf dem Rand eines Brunnens, der ihren Namen trägt, »Bir el Kahéna«, enthauptet wurde. Andere geben einer romantischeren Hypothese den Vorzug, die auch ich in meiner Kindheit favorisierte. Verliebt in einen ihrer jungen arabischen Gefangenen, wurde sie von ihm dem Feind übergeben. Oder, so sagen manche, nach einer Nacht der Wollust von seiner Hand erschlagen.

Fortunée fand, daß diese Vorfahren nichts an der Tatsache änderten, daß sie unter ihrem Stand geheiratet habe, als sie Édouards Frau wurde, sie die sephardische Jüdin, deren Ahnen durch das Edikt von Isabella der Katholischen 1492 aus Spanien vertrieben wurden ... Aber, fragte ich sie immer wieder, wie hatten sie seitdem gelebt, diese Juden in Tunesien?

Über Fritnas Großeltern erfuhr ich nichts, da sie niemals über sie sprach. Sie hatte eine sehr starke Bindung zu ihren Eltern, zu denen wir Kinder oft und gerne gingen. Mein Großvater, der Rabbiner, starb, als ich etwa acht oder neun Jahre alt war. Er starb schnell. Ich erinnere mich, daß er mich eines Morgens auf seinen Schoß setzte und mit flach auf meinen Kopf gelegten Händen ein Gebet sprach. Er habe mich gerade gesegnet, sagte man mir, vor seinem Tod, von dem er wußte, daß er nicht mehr fern war. Tatsächlich starb er ein paar Tage später, ohne daß ich ihn noch einmal gesehen hatte. Damals hatten die Krankheiten nicht wie heute einen Namen: Krebs, oder sogar Milz- oder Leberkrebs. Gottes Wille geschah, und der Versuch, ihn zu erklären oder gar zu benennen, war sinnlos.

Jeden Dienstag nach dem Mittagessen, wenn das Geschirr weggeräumt war, verwandelte Fortunée sich in eine Städterin. Sie trug ein enges Kostüm, das eine Schneiderin gemacht hatte.

Ich erinnere mich noch an die Aufregung und das Durcheinander, das an dem Tag, an dem die Schneiderin kommen sollte, herrschte. Fritna stand früher als sonst auf und packte die Singer-Nähmaschine, die mit schwarzen schmiedeeisernen Schnörkeln verziert war, aus ihrer Hülle, staubte das Pedal ab, fuhr mit dem Staubwedel vorsichtig über das große Rad, das sie immer mit fachmännischem Handgriff kontrollierte, während die freie Hand den Stoff unter der Nadel möglichst genau ausrichtete und dabei geschickt die Steppnaht entlangfuhr. Meine Mutter breitete die Stoffe aus, die Édouard nach hartem Feilschen in den Suks gekauft hatte. Während des Krieges wurden Vorhänge zerschnitten, um uns, Gaby und mich, zu kleiden. Gleich nach ihrer Ankunft nahm die Schneiderin Maß, befühlte den Stoff, klappte und schwang eine große Schere und machte schließlich den ersten Schnitt. Da sie stundenweise bezahlt wurde, galten bestimmte Regeln. So war es uns verboten, mit der Künstlerin zu plaudern, und meine Mutter warf uns zur Erinnerung entsprechende Blicke zu, wenn wir uns nicht daran hielten. Die Essenszeit wurde strikt eingehalten. Eine Stunde, nicht mehr und nicht weniger. Das servierte Mittagessen war eher eine kalte Platte als ein richtiges Essen. Abwechselnd starrte meine Mutter auf die Pendeluhr und auf den Teller unserer Schneiderin. »2 Uhr! Weiter geht's!« verkündete sie im Befehlston. Bis 6 Uhr abends mußte alles, ob Kostüm oder Kleid, fertig sein. Dann blieben nur noch die »abschließenden Arbeiten« (Säume, Knöpfe), die meine Mutter oder meine Großmutter übernahmen, um Geld zu sparen. Dieses Ereignis vollzog sich alle zwei oder drei Jahre einmal und erfüllte mich mit Freude. Ich mochte die Stoffe und das Gefühl, sie zu berühren, den Zauber ihrer Verwandlung, den Anblick neuer Roben.

Als junge Anwältin beschloß ich, mit meinen ersten Honoraren Fritna neu einzukleiden. Ein Kostüm, ein richtiges, aus einem sehr schönen Stoff, den ich selbst im besten Geschäft von Tunis aussuchen würde. Ganz schlicht, in zartem Anthrazit. Und von einer besonders guten Schneiderin genäht: eine meiner Klientinnen, die die Damen der Résidence générale – des Amtssitzes der französischen Protektoratsmacht – für die Empfänge einkleidete. Die Empfänge stellten in den Kolonien zugleich eine Grundlage des politischen Systems, eine Lebensart und eine Form von »Kultur« dar. Für besagte Damen ein Fulltime-Job. Frau A., ihre Schneiderin, hatte einen guten Ruf. Und gesalzene Preise.

Ich begleitete meine Mutter zu allen Anproben. Ich wollte dieses Abenteuer mit ihr teilen, das zwar unbedeutend war, uns einander aber vielleicht in einer Art Vertrautheit unter Frauen näherbringen würde. »Sie ist nicht gerade einfach!« flüsterte mir Frau A. ins Ohr. Ja, weil sie sich dabei in ihrer Haut nicht wohl fühlte, die Arme! Der Stoff, den wir zusammen ausgesucht hatten? Zu teuer. Dieser Ort, an dem sie den »Ungläubigen« des Protektorats begegnete? Nicht unsere Sache, »man muß unter seinesgleichen bleiben, mein Kind!«, der Schlüsselsatz unserer Erziehung. Das Kostüm zu schlicht für ihren unerfahrenen Geschmack. Sie protestierte, verlangte diese und jene Änderung, schmollte, wenn wir sie zu überzeugen versuchten. Kurzum, sie kam mit der Situation nicht zurecht – »diese Schneiderin, das ist doch alles Theater«, sagte sie zu mir. Sie war nicht gerade glücklich darüber. Keine Vorwürfe, nein. Sogar ein Dankeschön, doch ohne besonderen Nachdruck.

»Es ist zu schick für mich«, behauptete sie. Édouard dagegen kam mir oft zu Hilfe und machte ihr die tollsten Komplimente: »Fritna, du siehst toll aus ... So siehst du aus wie Gaby Morlay!« Oder sogar: »Du siehst aus wie die Frau eines französischen Offiziers!« Doch auch diese große Ehre konnte sie nicht umstimmen. Sie lehnte das anthrazitfarbene Kostüm, das die Tochter ihr geschenkt hatte, ab und trug es nur zu seltenen, außergewöhnlichen Anlässen – darunter die Verleihung des Ordens der Ehrenlegion an Édouard. Und seine Beisetzung ein Jahr danach.

Das Kostüm, das meine Mutter in meiner Kindheit dienstags trug, war das der Schneiderin, die »im Tagelohn« arbeitete. Sie tauschte ihre Schlappen gegen Schuhe mit kleinen Absätzen, sie schminkte sich ihre Lippen mit »Bourjois«-Lippenstift und trug rosafarbenes Rouge auf ihre Wangenknochen auf. Manchmal setzte sie sich ein seltsames Filzhütchen mit einem Knoten und einer Feder auf den Kopf, das ich, wenn sie nicht zu Hause war, heimlich anprobierte. So herausgeputzt, stattete Fortunée ihrer Mutter einen Besuch ab, die in Ariana wohnte, einem damals ländlichen Vorort etwa sechs Kilometer von Tunis entfernt. Sie nahm die Straßenbahn und erklärte mir, daß sie ihre Handtasche »unter den Arm klemmte, weil es viele stehlende Araber in der Bahn gebe«. Fortunée brachte ihrer Mutter einen kleinen Geldbetrag, den mein Vater ihr jeden Monat zugestand, und sie gab noch ein paar Leckereien dazu. Ich sah ihr zu, wie sie pünktlich losging, gepflegt und glücklich darüber, ihre Mutter wiederzusehen. Meine Mutter liebte ihre Mutter, die sie liebte. Liebe wird nicht vererbt. Jeden Dienstag empfand ich dies als eine unerträgliche Ungerechtigkeit.

Fortunée hatte erklärt, daß zwei ihrer Brüder – Simon und
Nani – ihre *richtigen* Brüder waren. Und der andere,
Albert? Ein *unechter?* Nein, ein Halbbruder, sagte sie uns
eines Tages, von einer anderen Mutter, über deren wahres
Schicksal ich nie etwas erfuhr. Wurde sie verstoßen? War
sie gestorben? Manche tuschelten, daß meine Großmutter
nur die Zweite gewesen sei, was bedeutete, daß mein
Großvater in Doppelehe gelebt hätte. Ist dies ein Geheimnis, das Fortunée bewußt aus ihrem Leben verbannte?
Jedenfalls war von der »anderen Frau« ihres Vaters niemals
die Rede.

Eine Frau wird nur durch eine Frau zur Frau

Meine Mutter ist tot. Meine in der Kindheit begonnene Suche hat damit ein Ende. Folglich werde ich nicht erfahren, wer diese Frau war und warum sie sich weigerte, mich zu lieben, nachdem sie mich zur Welt gebracht hatte. Klug, aber ungebildet – »immerhin habe ich mein Abschlußzeugnis«, gab sie an, »während Édouard die Schule zwei Jahre früher verlassen hat!« –, doch ihre komplexe Persönlichkeit hatte ich letztendlich nicht zu fassen bekommen.

Abhängig, aber autoritär und dominant, hatte sie sich zur unbeugsamen Hüterin einer moralischen Ordnung erhoben, die ihr zweifellos Sicherheit gab.

Ich erinnere mich an ihre wenigen Worte, nachdem der Premierminister Jacques Chirac 1975 meinem Vater die Insignien der Ehrenlegion verliehen hatte. Manufô (elf Jahre alt) – schon damals ein Interviewer! – fragt sie: »Warum hast du das nicht, Oma, den Orden der Ehrenlegion?« »Das ist schwierig für Frauen. Dafür braucht es militärische oder berufliche Gründe«, antwortet Fortunée ruhig. »Berufliche Gründe«, beharrt Manu, »Frauen können auch …« »Doch diese Auszeichnung der Ehrenlegion für deinen Großvater fällt auch ein bißchen auf mich zurück«, so der sofortige Anspruch meiner Mutter. Unbescheiden erhob sie für ihre Rolle und ihre Stellung den gerechtfertigten Preis und erinnerte an das, was jeder Mann, wenn er Erfolg hat, seiner Frau am Herd schuldet.

Ich drehe mich im Kreis. In meinem Zimmer, in meinem Kopf. Vor einer halben Stunde war ich noch erleichtert, doch nun merke ich, wie ein heimlicher Groll von mir Besitz ergreift. Meine Mutter wollte mich nicht lieben, und ich werde niemals wissen warum. Die narzistische Wunde als Kind mausert sich zu einer Revolte als Erwachsene. Sätze liegen mir auf der Zunge, wie: Fritna war eine kalte Frau, unfähig zu lieben, sie zeigte nichts, weder Trauer, die sie doch manchmal empfunden haben mußte, noch ihre Freude, die sie in jedem Fall leugnete. »Ich bin zum Leiden geboren, *meghbouna*, verflucht, ich bin verflucht.« Ihr Gejammer hatte meine Kindheit geprägt. Ich liebte sie, und ich litt, wenn ich sie von ihrem Leid sprechen hörte. Ich litt, weil ich sie nicht umarmen und ihr sagen konnte: »Was hat das für eine Bedeutung! Ich bin hier, ich bin deine Tochter, und ich werde dich so sehr lieben, daß du nicht mehr leidest.« Doch diese Frau hatte kein Herz, sie sorgte dafür, daß wir in einer von Repressionen bestimmten Welt lebten, sie wies mich ab, diese Frau war schlecht.

Stop!

Kaum ist der Tag ihres Todes gekommen, entdecke ich schon, mit welcher Geschwindigkeit die Liebe in Haß umschlagen kann. Stop!

Sicher habe ich sie für Momente gehaßt, sie hat Gaby aus unserem Leben verbannt, sie hat mir den Körperkontakt vorenthalten, den jedes Kind von seiner Mutter einfordert, sie hat versucht, mich zu brechen, um mich zu dem Leben zu zwingen, das sie für mich vorsah.

Sie hatte mich schon in frühester Kindheit zutiefst verletzt, und diese Verletzungen übersteht niemand unbeschadet.

Glücklicherweise gab es manches, was mir ein wenig half, die Wunde tief in meinem Innern zu schließen. Die Liebe meines Vaters vor allem. Von der echten Zuneigung abgesehen, vermittelte mir diese Liebe auch Selbstwertgefühl. Obgleich er alle Entscheidungen seiner *maboula*, seiner durchgedrehten Tochter, mißbilligte – ihre Ehemänner, ihr politisches Engagement für die Linke, die Verteidigung der nationalistischen Algerier nach den Tunesiern –, war er dennoch stolz auf mich. Seit meinen Erfolgen an der Universität empfand er es als wahres Glück, der Vater von jemandem zu sein, der »Wissen hatte«. Als einzige der Familie. Nach seinem Tod fand ich in einer Schublade die Telegramme, die ich ihm als Studentin aus Paris geschickt hatte, um ihm von meinen erfolgreichen Examina in Jura und Philosophie zu berichten. Seit mehr als dreißig Jahren waren sie immer wieder auseinander- und zusammengefaltet worden und sahen ganz abgegriffen aus. »Wie schaffst du es nur, das alles zu wissen?« Sein Leitmotiv des bewunderten Autodidakten ging mir direkt ins Blut über. Meine Geburt war für ihn ein schwerer Schicksalsschlag gewesen: ein Mädchen! Doch dieses Mädchen hatte sich die Sporen verdient ... wie ein Mann! »Paß auf, *ya benti* (meine Tochter), diese Bedrohungen können dich zugrunde richten!« Das war während des Algerienkrieges. Auf dem Höhepunkt der militärischen Gewaltstreiche und Attentate des Geheimdienstes. Ich beruhigte ihn, die Kinder seien bei Freunden in Sicherheit, ich sei übervorsichtig ...»*Seïda*, du bist eine *Seïda* (Löwin). Und all das«, schloß er mit enttäuschter Miene, »diese ganzen Risiken, um die Araber zu verteidigen! Wie schade, *ya benti*!«

Er war ganz offensichtlich von dem antiarabischen Rassismus meiner Mutter beeinflußt, ein Abbild des allgemein herrschenden Rassismus. Doch sein unverbesserlicher Gaullismus brachte ihn (fast) auf den richtigen Weg. »Sie wollen die Unabhängigkeit, gut, dann sollen sie sie sich nehmen!« Um gleich darauf voller Rachegefühle hinzuzufügen: »Wir werden sehen, wie sie sich anstellen, diese Wilden!«

Édouard half mir zu existieren, Fortunée erdrückte mich. Ein unsicheres Gleichgewicht also, dessen Aufrechterhaltung ständig in Frage stand. Einem Wutanfall des Vaters, einer schmollenden Mutter, einer Unüberlegtheit der *maboula* ausgeliefert.

Ein anderer wichtiger Ausgleich für Fritnas Ablehnung war das Klima. Sie mögen lachen, sich darüber lustig machen. Eine Intellektuelle, die nach dem Wetter geht? Ja. Und das hat sich bis heute nicht geändert. Ich behaupte, daß ein Unglück im herrlichen Licht von Karthago nicht alles überschatten kann. Daß meine fast pantheistische Liebe zum Meer mir in den schlimmsten Momenten geholfen hat zu leben. Daß mich das Leid der Ungeliebten dazu trieb, zu schwimmen, bis ich völlig außer Atem war, mich von den Dünen in Gammarth herabkullern zu lassen, bevor ich mich ins Wasser stürzte, den Mund und die Haare von Schweiß und Sand verklebt. Es war die pure Sinnenlust des Moments, aber auch die Fähigkeit, dadurch Wunden zu heilen. So wie manch einer heute ein Beruhigungsmittel nehmen würde, zog ich, wenn ich innerlich aufgewühlt war, meinen Badeanzug an, glitt in das warme Wasser bei La Goulette und schwamm, bis ich das Ufer nicht mehr sehen konnte. Manchmal zögerte ich und wollte umkehren, doch wozu, ich schwamm noch weiter raus. Wenn ich dann in den Wogen verschwand und in den Wellen aufging, kam ich wieder zu mir. Neu, wieder aufgebaut, gestärkt. Im Januar oder Dezember fehlte das Meer als Zufluchtsort aufgrund des Wetters. Dann machte ich einen langen Spaziergang nach Sidi Bou Saïd und sah mich an der Schönheit des »inspirierten Hügels« satt, der am äußersten Zipfel des Kaps wie eine hingestreckte rötliche Galionsfigur lag.

Letztendlich würde Fritna mich lieben, dessen war ich mir bei der Rückkehr von meinen Ausflügen sicher. Und bis dahin würde ich mich treiben lassen.

Ich bin innerlich ganz durcheinander. Mir ist übel. Ich muß aufhören. Ich muß Fritna sehen. In der Leichenhalle.

Als ich von der »Galerie der Toten« zurückkomme, schließe ich mich in meinem Schlafzimmer ein. Ausgestreckt liege ich im Dunkeln auf meinem Bett und höre in Bruchstücken Claudes geduldige Stimme. Er telefoniert mit Henri, meinem Bruder, oder mit meinen Söhnen. Wie immer übernimmt er den Großteil der Formalitäten. Heute die für Fritnas Beerdigung, so wie er auch schon Édouards Beerdigung organisiert hatte.

Letztendlich hat mich diese nichterwiderte Liebe für eine sehr atypische Mutter wohl der Möglichkeit beraubt, mich selbst wirklich kennenzulernen. Eine Frau kann sich, so scheint mir, nur über den – emotionalen, sinnlichen – Zugang einer anderen Frau wirklich erfahren. Die Mutter ist diese andere, ein überragendes Leitbild im Alltag, das gleichzeitig aufs Podest gestellt wird und einem in Fleisch und Blut übergeht. Sie ist die Frau, zu der das Mädchen wird. Durch die Mutterliebe bekommt man einen Bezug zum eigenen Körper. Mein Leben lang werde ich dieses Manko, nicht durch die Vertrautheit einer Frau zur Frau geworden zu sein, spüren. Wenn ich mein intimes Leben mit einer Frau geteilt hätte, hätte mir dies vielleicht zu der Erfahrung verholfen, die mir verwehrt wurde. Eine homosexuelle Erfahrung. Eine Rückkehr – oder eine erste Reise – zu der ursprünglichen Sinnlichkeit der Mutter.

Ein anderes Selbst, physisch und psychisch ähnlich, aber mit seinen Eigenarten, um ins tiefste Innere meiner selbst hinabzusteigen. Um meine Weiblichkeit zu spüren und als Frau auszudrücken. Ich habe dieses grundlegende Abenteuer nicht erlebt. So nahe ich den Frauen intellektuell und gefühlsmäßig auch stehe, habe ich mich doch niemals körperlich von ihnen angezogen gefühlt. Zweifellos ein Widerspruch – doch so ist es nun einmal –, meine Sinne haben sich voller Glück immer mit denen der Männer vereinigt.

Ich habe ihre Körper geliebt, ihre erotischen Spiele geteilt, doch ich verspürte wenig Neugier auf ihren Geist, auf ihr Gefühlsleben. Abgesehen von ein paar Dichtern oder schöpferisch tätigen Männern, die Kind geblieben sind und die mich berühren und mein Interesse wecken, weil sie ewig verunsichert sind. Und auch abgesehen von manchen politischen Führungspersönlichkeiten oder intriganten Machtmenschen, mit denen manchmal ein Austausch stattfindet, der neu und anregend ist. Doch für die große Mehrzahl der Männer gilt, daß sie nach einem recht simplen Strickmuster funktionieren; abgesehen von Krisen, Krieg, Revolution, einer leidenschaftlichen Liebe, bewegen sie sich auf erbarmungslos vorhersehbaren Bahnen. Was im übrigen völlig normal ist, denn da sie in *ihre* Welt hineingeboren wurden und innerhalb der Strukturen und gemäß der Regeln, die sie selbst gestaltet haben, aufwachsen, fällt es ihnen schwer, sich einen anderen Weg vorzustellen. Ihre Rolle, die von ihren Vätern seit Jahrtausenden an sie weitergegeben wird – die des Herrn –, ermuntert sie nicht gerade, dies zu ändern, oder falls doch, dann nur in so geringem Maße, daß die Veränderung kaum wahrnehmbar ist.

In einer Welt, die sie unterjocht, versuchen Frauen, die Verhältnisse umzukehren, sie versuchen es mit List, oder sie kämpfen, um sie zu verändern. Sie entwickeln sich stetig weiter und unterliegen stetiger Innovation. Sie umkreisen das Joch der männlichen Konditionierung, sie treiben ihr Spiel damit und entwerfen eine andere Welt; ihre Verhaltensweisen sind ebenso wie ihre Gespräche interessanter, ergiebiger als die von Männern – was bereits Sartre feststellte. Dünkel und Wichtigtuerei sind ihnen völlig fremd. Warum sollten sie sich auch wichtig machen, wo sie doch nur die Gefährtinnen der Mächtigen, der Entscheidungsträger sind? Folglich nehmen sie sich heraus, lustig zu sein und zu überraschen. Es passiert immer irgend etwas mit den Frauen.

Ein Mann ist ein Mann. Was bedarf es mehr? Selbst wenn er es wollte, wäre er nicht völlig frei. Die Herrschaft – selbst wenn sie sich in die unbedeutendsten Dinge des Alltags eingeschlichen hat und kaum sichtbar ist – stellt eine fürchterliche Schule der Entfremdung dar.

Freud behauptet, daß Frauen nicht über sich zu reden verstünden. Daß sie ihre Weiblichkeit nur als Psychoanalytiker ausdrückten. Also als *Mann*. Heute wäre Freud überrascht. Sie wagen es, sie reden, und es ist etwas ganz Neues. Die Worte, die Sehnsüchte, die Eroberungen.

Was mir auf alle Fälle als sicher erscheint, ist das Bedürfnis der Mädchen, von ihren Müttern den Schlüssel für diese Sprache zu bekommen, um ihr komplexes, widersprüchliches »Schicksal« zu schmieden. Durch die Liebe, durch die fleischliche Verbindung, durch eine Art erotische Verbundenheit wird schon das kleine Mädchen sich seines »Mädchenseins« bewußt und lernt, sich als solches zu lieben. Mit diesem anderen Selbst entwickelt es ein eigenes Gefühlsleben, Intelligenz, Bindungsfähigkeit.

Vorbei. Es ist zu spät. Meine Mutter ist tot, und ich habe – übrigens meist gut – nur mit Männern gelebt.

Ich schüttle mich. Nein, ich werde das für diesen Nachmittag anberaumte Gespräch mit einem Journalisten nicht absagen. Das Thema? Kommt von einem anderen Planeten. Mein letztes Buch, *Une embellie perdue*, das vor ein paar Tagen erschienen ist. Meine politische Erfahrung als unabhängige Feministin in der Höhle des Löwen, der Nationalversammlung. Ein ganz anderes Thema, weit entfernt von dem, was ich heute bin. Ein Grund mehr, die Askese meines Willens unter Beweis zu stellen. Also empfange ich den Journalisten. Fragen, Antworten, die Darlegung der sektiererischen Methoden der politischen Parteien. Ich schlage mich ganz gut, mit einer gewissen Freude. Ich habe den Tod meiner Mutter nicht erwähnt. Weshalb hätte ich es tun sollen? Eine gelungene Stunde reinster Schizophrenie.

Am nächsten Morgen erhöhe ich die Dosis. Zwei Interviews, Fernsehen und Radio. Gefährlichere Übungen. Gesicht, Gesten, Stimmen, direkt und nackt. Großaufnahme der Waise seit ihrer Kindheit, die es versteht, mit verdeckten Karten zu spielen.

In dieser Nacht habe ich sieben Stunden ohne Unterbrechung geschlafen. Traumlos. Beim Erwachen habe ich das Gefühl, durch die Leere eine große innere Reinigung durchgemacht zu haben. Ich habe auch das Gefühl, innerhalb weniger Stunden um vieles älter geworden sein. Endgültig.

Die Beerdigung

25. Januar 1995.

Um 14 Uhr Termin auf dem Friedhof von Bagneux. Es ist ein kalter, trostloser Tag, das Grau hüllt uns ein. Dieser Januar ist uns nicht wohlgesinnt. Claude ist krank von den zahllosen Prüfungen. Mein Enkel Édouard hatte die letzten Tage eine lebensgefährliche Bronchitis. Die Dinge des Lebens werden unüberwindbar, wenn der Winter sie noch erschwert.

Wir nehmen Kamoun und Manu mit. Jean-Yves werden wir in Bagneux treffen. Ich bitte Claude, vor einem Blumenladen anzuhalten. Ich möchte alleine hineingehen.

Fritnas Lieblingsblumen? Schwer zu sagen. Vor allem erinnere ich mich daran, daß alle meine Sträuße dasselbe Problem für sie aufwarfen: »Wo soll ich sie reintun? Ich habe keine Vase für diese Art Blumen!« Ganz egal, was für Blumen es waren. Ich erinnere mich auch daran, daß ich beschlossen hatte, ihr zwei Vasen von unterschiedlicher Größe und Form zu schenken. Meine Mutter fand sie im entscheidenden Moment nie und schlug mir jedesmal vor, die Blumen wieder mitzunehmen.

Drei Dutzend Rosen, ich habe mich entschieden, von den schönsten, die wird sie nicht ablehnen. Für sie und für uns alle. Lang, biegsam, zart und in einem unnatürlichen Rosa, wie aus einer Mischung von zwei oder drei Farben entstanden. Kein Grün dazu. Nein, nicht in Geschenkpapier einwickeln. Auf Wiedersehen, Madame. Ich lege den Armvoll Blumen im Auto nach hinten auf die Knie meiner beiden Söhne. »Sie mochte nur Nelken«, grummelt einer von ihnen. Das Auto fährt durch Bagneux. Kurz vor dem Friedhof die ganze Straße entlang ein Schaufenster neben dem anderen, alle von Bestattungsunternehmen. Normal. Ich habe ein unangebrachtes Bild im Kopf: genauso »normal«, sage ich mir, wie diese scheußlichen Andenkenläden für Touristen in der Straße der Niagarafälle. Niagara ist dasselbe, plus der Wasserfälle. Wenn man um die Kurve kommt, steht man plötzlich vor ihnen. Man geht hinein, man mischt sich unter diese gigantischen Wasserfälle. Und man vergißt die besiedelte Welt, um in eine Art Urknall versetzt zu werden. Ein kosmisches Getöse, das Grandiose, Übernatürliche, die diffuse Angst verwandeln den durchschnittlichen Touristen in einen zuckenden Reisenden, der von einem anderen Planeten zurückkehrt. Ich fühle mich innerlich in dieses Getöse hineingezogen.

Wir kommen am Friedhof an. Cousins und Cousinen, die ich seit dreißig oder vierzig Jahren aus den Augen verloren habe, eine alte Tante, Tante Marcelle, ungefähr achtundachtzig Jahre alt, die Witwe von Édouards Bruder, Onkel Jacques. Insgesamt um die zwanzig Personen. Man umarmt sich, ach, wo ist Gaby denn? »In Israel, bei ihrer Tochter.« Und damit ist das Thema beendet. Die Lüge, weder fromm noch nötig, aber – sagen wir mal – bequem. Ich hatte keine Lust, in dem Augenblick, in dem wir meine Mutter beerdigen, zu erklären, daß sie genau das, nämlich eine Mutter, so wenig für Gaby und mich gewesen war.

Henri-Nano, dessen Bund mit Fritna aufgelöst wurde, scheint am Boden zerstört zu sein. Er leidet demonstrativ – und sogar unüberhörbar. Doch er erweist sich als einsatzbereit für seine Rolle des Zeremonienmeisters. Er nimmt mich am Arm: »Komm, ich stell dich dem Rabbiner vor.« Stimmt, er hat die Dienste eines Rabbiners gelobt. Er hatte mir von ihm erzählt, ich hatte eingewilligt. Ich weiß nicht mehr, ob meine Mutter gläubig war, sie, die in den letzten Wochen den Namen Gottes nicht mehr in den Mund genommen hat und es als nutzlos abtat, ihn um Hilfe zu bitten. Doch sie war die Tochter eines Rabbiners und hatte die Religion lebenslang praktiziert. Also gehe ich auf den Rabbiner zu und danke ihm dafür, daß er uns beisteht. Ich sage ihm, daß meine Mutter sehr fromm war und daß ihre Gebete gnädig aufgenommen wurden. Ich strecke ihm die Hand entgegen. Im selben Augenblick macht er einen Satz nach hinten, weicht zurück, als sei ich plötzlich gefährlich geworden. »Nein, Madame, nein!« Er weicht noch mehr zurück, ich komme mir vor wie die Schlange der Schöpfungsgeschichte vor einem kampflustigen Adam. »Nein! Ich gebe Ihnen die Hand nicht. Ich gebe einer Frau die Hand nicht, das verbietet die Religion.« Ich bin vermutlich ganz blaß geworden. Ich hatte ein offenes Ohr, vielleicht Trost erwartet, und nun bin ich auf einmal verdammt. Anscheinend ist jede Frau unrein, da sie möglicherweise gerade eine *nidda* (»Menstruierende«) ist, und so kann jeglicher Kontakt mit ihr nur beschmutzen.

Die jüdisch-orthodoxe Regel verlangt Verliebte, die sich niemals an den Händen fassen. Ehemann und Frau wissen beide bestens über den Menstruationskalender Bescheid und enthalten sich strikt jeglichen körperlichen Beisammenseins während der Periode, an die sie, um auch wirklich ganz sicherzugehen, noch sieben weitere Tage dran hängen. Folglich haben sie also nur die Hälfte des Monats die Erlaubnis, sich zu berühren.

Ich gehe zu der Gruppe zurück.

Ich verteile die Rosen. Jean-Yves und Kamoun sind still, kurz angebunden, so betroffen sind sie. Ihre Oma verläßt sie nun wirklich, sie hatte ihnen viel bedeutet. Was Manu betrifft, scheint er von den Trauerfeierlichkeiten – ich glaube, es ist seine erste Beerdigung – so beeindruckt, daß er, ganz blaß und ohne sich zu bewegen, den Sarg nicht aus den Augen läßt, wobei seine Schultern unter seinem Parka verschwinden. Wir haben alle diesen selben Reflex, ein wenig zu verschwinden, tief eingekuschelt und verloren in unseren Jacken und Mänteln, als suchten wir einen Schutz, eine Art Panzer.

Der Rabbiner gibt die Anordnungen. Alle stehen um den Sarg herum, die Männer müssen ihren Kopf mit einer *kippa* oder notfalls mit einem Taschentuch bedecken. Ich sehe, wie Claude, der *roumi*, seines an den Ecken knotet, wie er sich fügt, so, wie er es zu Édouards Zeiten und zu den Gebeten Freitag abends immer getan hat. Ich finde, daß er mit meiner seltsamen Familie ganz gut klargekommen ist. Unsere Blicke treffen sich. Ich finde es lustig, einfach so. Ein kaum wahrnehmbares Lächeln. Der Rabbiner, dem nichts zu entgehen scheint, schüttelt tadelnd den Kopf. Und gibt dann das Signal. Die hebräischen Totengesänge – das *Kaddisch* – werden zu einer besonderen Musik gesprochen, eine Mischung aus dunklem Singsang und einer einfachen Begleitung der Texte. Für Momente einige abendländische Anklänge. Was für Texte? Ich habe immer geglaubt, daß das Kaddisch auch eine Lobpreisung des Verstorbenen sei, weil Édouard mir das gesagt hatte. So eine Art Grabrede, aber an den Rhythmus des Gebetes und den Stil der Bibel angepaßt.

Henri, gefolgt von zwei oder drei der Assistenten, versucht, den Rabbiner im Gebet zu begleiten, indem er vor sich hin murmelt und von Zeit zu Zeit laut mitspricht. Mir ist eiskalt, vom Kopf bis zu den Zehen. Ich halte meine Rosen ganz aufrecht, und ich bekomme davon Krämpfe in der Hand. Der Rabbiner hält inne. Kurzes Getuschel mit Henri. Die Totengesänge setzen wieder ein. Ist das Programm unvollständig, oder hat Henri noch eine Zugabe bekommen? Da erklärt der Rabbiner den Fortgang des Geschehens. »Sie, Madame«, sagt er zu mir aus der für den Ritus vorgeschriebenen Distanz, »Sie gehen mit Ihrem Bruder zum Grab. Sie werfen eine Schaufel voll Erde hinein, dann die Kinder, die Cousins und Cousinen, die Freunde ...« Er macht die entsprechenden Gesten, wiederholt alles, er will es fehlerfrei.

In diesem Moment bricht Henri zusammen. Er bricht in lautes Schluchzen aus, ruft »Mama, Mama«, scheint völlig aufgelöst, in Trance. Ich fange ihn auf. Ich empfinde für ihn weder eine besondere Hochachtung noch Zuneigung, doch plötzlich fühle ich mich verantwortlich, verantwortlich als ältere Schwester. Und außerdem mag ich es nicht mit ansehen, wenn das Unglück triumphiert. Ich fasse ihn um die Schulter, am Arm: »Henri, Henri, beruhige dich, wir werden sie in unserem Innern behalten, du wirst sehen.« Ich rede ganz leise mit ihm, und er kommt näher, drückt sich an mich wie der kleine Bruder, der er einst für mich war. Er schmiegt sein Gesicht an das meine, küßt mich: »Ah Gisèle, Gisèle, es ist so schrecklich, Mama ist tot ...« Sanft führe ich ihn den kleinen Weg entlang, der zu dem Loch führt. Ein Loch in der dunklen Erde und, ganz unten, der Sarg.

Ich kann mich weder an die Seile noch die Sargträger erinnern, die den Sarg vermutlich vorsichtig in das Grab hinabgelassen haben, so wie ich es bei der Beerdigung meines Vaters Édouard gesehen habe. Dennoch hat dieser Vorgang in unserer Gegenwart stattgefunden. Sollte mich der Schock möglicherweise für ein paar Minuten von meinem Bewußtsein, von mir selbst abgekoppelt haben? Und dieses Schwarz, diese Anwesenheit ohne Erinnerung hervorgerufen haben? Ich war dort, vor der geöffneten Erde. Wie ist dieser abrupte Filmriß in mir zu erklären? Hat er etwas zu bedeuten? In den neun Seiten, die ich noch am selben Abend vor dem Schlafengehen schrieb, findet sich nicht die geringste Erwähnung dieses Sargs.

Statt dessen finde ich zum ersten Mal einen Hinweis auf mein Vorhaben: »Ich werde ein Buch über Fritna schreiben, etwas zwischen Bekenntnis und Anklage. Ich muß in meinem tiefsten Innern wieder zu mir finden.«

Als Henri und ich in das Grab blicken, sind die Würfel gefallen. Nun blieb nur mehr, Fritna und alles, was ihr Leben ausmachte, in der Erde zu begraben. Für den Bruchteil einer Sekunde sehe ich wieder das Foto des jungen Mädchens vor mir, das sich als Beduinin gekleidet hat, mit der entblößten Schulter, die den irdenen Krug stützt, Ohrringen, nackten Füßen, langen, schwarzen Haaren. Ein strahlendes, einzigartiges Lächeln. Fortunée lächelte selten. Am Tag, an dem Édouard der Orden der Ehrenlegion verliehen wurde, war sie strahlend schön vor heiterer Freude. Ihr Lächeln an jenem Tag verwandelte sie so sehr, daß ich glaubte, eine andere Mutter vor mir zu haben. Zärtlich, nah, aufmerksam. Ach, übrigens, sie hat

Édouard den Großartigen um achtzehn Jahre und achtundzwanzig Tage überlebt. Gerade habe ich es im Kopf ausgerechnet.

»Nun, fangen Sie an, Madame!« sagt der Rabbiner ungeduldig. Ich werfe meine Rosen ins Grab und ziele gut dabei, ich möchte, daß sie ihr Gesicht umrahmen. Hat sie noch ein Gesicht? Dann wird mir eine kleine Schaufel voller Erde gereicht, zweimal. Das Ende beginnt mit dieser Schaufelladung, die auf das Holz des Sarges prallt.

Nach dem Bild meiner Mutter taucht das meine vor meinem inneren Auge auf. Dieser Sarg der meinige. Ich sehe meine Kinder, wie sie diese Geste ausführen. Sie werden es tun. Ohne Zweifel folgt nach dem Tod der Mutter oder des Vaters der eigene Tod. Dazwischen gibt es nun keine Grenze, keinen Einschnitt mehr. Wenn man an der Reihe ist, kann man sich nicht entziehen. Die anderen Namen auf der Liste vor uns? Ausradiert, verschwunden, verflüchtigt, Staub. Als es Zeit ist, sich zu trennen, flüstere ich Manu ins Ohr: »Ihr werdet das gleiche für mich tun.« Und ich flüstere, als ich seinen verschwommenen Blick sehe: »Natürlich so spät wie möglich.« Ich helfe Henri dabei, dieselben Gesten auszuführen. Seine Nerven haben sich wieder beruhigt, langsam läßt er seine Rosen fallen und verharrt. Die Erde auf den Sarg zu werfen heißt, den Vorhang zuzuziehen, bedeutet, den Körper zu verlassen, ihn unwiederbringlich zu begraben. Er zögert, ein Schluchzen schüttelt ihn, er leert seine Schaufel zweimal. Ich ziehe ihn zur Seite. Die Kinder kommen nacheinander, erst die Rosen, dann die Schaufel voller Erde, ihre Kindheitserinnerungen kommen hoch und schmerzen. Ein paar Tränen fließen, trotz der heldenhaften Haltung.

Der kleine Zug der Beileidsbezeigenden ist zu Ende. Man grüßt sich, man küßt sich zum Abschied: »Ruf mich an, wenn du willst, scheu dich nicht ...« Gerade habe ich Henri die Friedenspfeife angeboten. Diese Jahre ohne meinen Vater hatten eine besondere Bindung zwischen ihm und Fritna entstehen lassen. Fritna war von einer Abhängigkeit in die andere gewechselt, von Édouard zu Henri. Und Henri, der zuvorkommend, aber sehr herrschsüchtig war, hatte auf seine Mutter eine ungeteilte Macht ausgeübt. Dieser Tod würde bei ihm eine Leere hinterlassen! Sein Umgang mit Fritna hatte seine Tage so gut ausgefüllt. Die Schritte, die er für sie unternahm, die Papiere, die es zu unterschreiben galt, sein Leben praktisch! Ich wußte, daß dieser Sohn ohne Mutter auch ein König ohne Königreich wurde. Und daß dies den Schock des Einschnittes noch verstärkte.

Auf dem Rückweg schlage ich Claude plötzlich vor: »Gehen wir ins Kino, hast du Lust?« Ich war schon am Tag von Édouards Tod ins Kino gegangen. Ich mußte andere Bilder sehen als die, die in meinem Kopf herumschwirrten.

»Unmöglich!« erinnert mich Claude. »Du bist der Studiogast bei France-Info um 17 Uhr.« Stimmt. Immer noch wegen dieses Buches *Embellie perdu*; alles, von der Übergabe des Manuskriptes bis heute, war für mich eine Art Schattentheater. Fritna, das Krankenhaus, meine Suche nach ihr zogen mich in die Vergangenheit. Ich verliere mich aus den Augen.

Dieses kleine Mädchen von siebenundsechzig Jahren, das gerade seine Mutter beerdigt hat, ist eine ehemalige Abgeordnete der Nationalversammlung, die in einem Buch ihre politischen Enttäuschungen, ihren Glauben an die Demokratie, das Sektierertum der Parteien schildert.

»Ich werde anrufen, um abzusagen. Ich fühle mich nicht in der Lage, dieses Interview zu geben.«

Also Kino: *Bullets over Broadway*. Woody Allen läßt mich kalt. Nebenbei bemerkt, habe ich während der ganzen Vorstellung gefroren.

Sehr schnell gehe ich wieder in mein Schlafzimmer, in dem ich mich einschließe. Ich weine eine ganze Weile, ich lege mich aufs Bett. Ich befühle mein Nachthemd, ein mexikanisches, weißes, sehr weites Gewand, das mit prachtvollen handgemachten Stickereien versehen ist. Ein Geschenk, das ich Fritna mitgebracht hatte, die so oft im Bett lag. Sie hatte es zwei Tage behalten und mir dann zurückgegeben. »Es ist schade darum, ich werde es nicht tragen. Es ist sehr schön, aber für mich mag ich es nicht besonders.« Ich hatte gelächelt. »Macht nichts, ich nehme es zurück, Mama, ich werde etwas anderes für dich aussuchen.«

Und mit einemmal wieder die Erleichterung.

Abends sind meine Söhne bei uns. Ich stelle Oliven und Brot auf den Tisch. »Wir müssen sie essen. Der Rabbiner hat gesagt, daß man das tun muß. So können wir Fritna für immer bei uns behalten.«

Alle fügen sich ohne ein Wort.

Den Toten ist man nur
die Wahrheit schuldig

1974 habe ich *La Cause des femmes* veröffentlicht. Ich habe darin vor allem die Bildungslücken, den Aberglauben, die Mittellosigkeit in meinem familiären Umfeld sowie die den Mädchen vorbehaltene repressive Erziehung beschrieben.

Ich hütete mich wohl davor, meine Mutter in Frage zu stellen, und gab vielmehr zu verstehen, daß sie die judeo-arabische Ordnung im Tunesien der vierziger und fünfziger Jahre repräsentierte. Über meinen Vater erzählte ich, daß er meine Revolte und meine Entscheidungen mißbilligte, und ich beschrieb sein patriarchales Verhalten. Doch meine Zärtlichkeit war zwischen den Zeilen zu lesen. Meinen Eltern schickte ich mein Buch mit einer sehr liebevollen Widmung. Die sofortige Reaktion: Meine Mutter verlangte von meinem Vater (der sich durch die Erwähnung unserer Armut gedemütigt fühlte, »da wir doch aus dem Elend raus waren, warum also davon sprechen?«), daß er ein Verfahren zur Beschlagnahmung der Bücher anstrengte. Schreiben der Gerichtsvollzieher wurden an die Journalisten geschickt, die mich eingeladen hatten, über mein Buch zu sprechen.

Todunglücklich rief ich meinen Vater an. »Papa, warum? Warum hast du das getan?« Er fing an, von seiner Verbitterung zu reden (»es war nicht nötig zu schreiben, daß ich Botenjunge war, als ich jung war« – er sagte »Laufbursche«, wie bei Daumier –, versicherte mir, daß meine Mutter entschlossen sei. »Sie will bis zum Äußersten gehen, alle Exemplare vernichten lassen.« Daraufhin begann ich, ihm gut zuzureden, zu erklären, daß es keine Schande sei, arm gewesen zu sein (»ja, aber war es deiner Meinung nach wirklich nötig zu sagen, daß ich keine Schuhe trug, um zu sparen? War das nötig, ja?«), und daß es um mein eigenes Leben gehe.

Ich spürte, daß er nachzugeben begann. »Papa, du mußt das alles stoppen!« Er wirkte verlegen, schwieg. »Es ist deine Mutter. Sie möchte, daß du bezahlst . . . Du weißt, daß sie krank ist.«

Letztendlich überzeugte er sie, doch meine Mutter weigerte sich, am Telefon mit mir zu sprechen. Ich bat auch bekannte Freunde, die mein Buch gemocht hatten, meinen Eltern zu schreiben, um ihnen das zu sagen und um sie meiner Liebe für sie zu versichern.

Alle juristischen Maßnahmen gegen das Buch wurden einen Monat danach fallen gelassen. Der Zwischenfall war damit glücklicherweise erledigt.

Die Psychoanalytiker sagen, daß man nach dem Tod der Eltern Lust bekommt, über die eigene Beziehung zu ihnen zu schreiben. Besonders, so erläutern sie, nach dem Tod der Mutter. Ich habe *Le Lait de l'oranger* geschrieben, um meinen Vater Édouard weiterleben zu lassen, um über den Tod hinaus mit ihm zu sprechen. Ich glaube, daß die Liebe der Lebenden das wahre Grab der Toten ist.

Solange meine Mutter am Leben war, hütete ich mich

davor, diese verrückte Suche, mein Verletztsein, dieses Fehlen zu erwähnen. Ihr Tod bringt mich zum Schreiben sowie zum Ausdruck eines Schmerzes aus der Kindheit, der mich nicht verlassen hat.

Sprechen? Schweigen? »Schreiben heißt gleichzeitig schweigen und sprechen«, sagt Marguerite Duras. Auf alle Fälle quälte mich das Bedürfnis, dieses Buch zu schreiben.

Bedeutet es, damit die Pflicht der Liebe gegenüber der Mutter zu verraten? Ich habe diese Pflicht voller Inbrunst erfüllt, solange Fritna lebte. Ich habe sie mit der Achtung, die ich ihr schuldete, und mit der Liebe, die ich für sie empfand, überhäuft.

Der toten Fritna schulde ich nur die Wahrheit.

INHALT

Madeleine Bourdouxhe

Gilles' Frau
Aus dem Französischen von
Monika Schlitzer. Mit einem
Nachwort von Faith Evans.
166 Seiten. SP 2605

Madeleine Bourdouxhes Drama einer zerstörerischen Leidenschaft ist eine Wiederentdeckung von höchstem literarischen Rang. Die leidenschaftliche Dreiecksgeschichte zwischen Elisa, ihrer Schwester Victorine und Gilles ist in ihrer Direktheit und Ausweglosigkeit ein Glanzstück der klassischen Moderne: Sinnlich, kühn – und von kammerspielartiger Intensität.

»Schwer zu sagen, was beeindruckender an der Leistung Madeleine Bourdouxhes ist: die kühle Liebe zu ihren Figuren oder die unsentimentale, aber doch fast zärtliche Darstellung ihrer Zerrüttung ... Madeleine Bourdouxhe formt kleine Szenen aus dem Alltag zu einer klassischen Tragödie. Mit einer kühlen, präzisen Sprache entwirft sie Bilder von höchster Anschaulichkeit und Glaubwürdigkeit, Stilleben der Seele, die den Leser durch ihre innere Spannung sofort fesseln. Gerade die scheinbar ruhig distanzierte Darstellung schafft einen Sog der Erzählung, dem man sich nicht entziehen kann. Da ist kein Wort zuviel, und jeder Satz zieht den Leser tiefer hinein in diese verhängnisvolle Affäre.«
Die Woche

Auf der Suche nach Marie
Roman. Aus dem Französischen
von Monika Schlitzer. Mit einem
Nachwort von Faith Evans.
192 Seiten. SP 2969

»Dieser Roman ist einer der schönsten Liebesromane, die es momentan zu lesen gibt.«
Die Woche

Wenn der Morgen dämmert
Erzählungen. Aus dem
Französischen von Monika
Schlitzer und Sabine Schwenk.
152 Seiten. SP 2067

»Sie wurde in der französischen Literaturszene gefeiert wegen ihrer subtilen und dichten Sprache, wegen ihrer genauen Beobachtungen und vor allem wegen der ungeheuren Intensität, mit der Madeleine Bourdouxhe Ängste, Hoffnungen, Stimmungen und Stille beschreibt.«
Der Spiegel

SERIE PIPER

Gisèle Pineau

Die lange Irrfahrt der Geister

Roman aus Guadeloupe. Aus dem karibischen Französisch von Gunhild Niggestich. 191 Seiten. SP 2640

Eine frischgebackene Studentin reist – auf der Suche nach ihren Wurzeln und den Spuren ihrer Familie – nach Guadeloupe und trifft dort in einer Hütte auf Eliette, eine alte Frau, die ihr unversehens ihre Geschichte erzählt: Da ist Léonce, der Schwarze, in Liebe entbrannt zur schönen Myrtha und begabt mit übernatürlichen Fähigkeiten, da ist Célestina, die Tochter der beiden, die der Ich-Erzählerin wiederum die Geschichte von Sosthène, dem Großvater, erzählt, der einem eigenartigen Fluch unterliegt. Wie Aufnahmen in einem alten Familienalbum entwickelt sich ein Geflecht von Geschichten zwischen Hoffnungen und Träumen, Realität und Magie, Liebe und Tod, zwischen Geisterglauben und europäisch geprägter Vernunft.

Maryse Condé

Das verfluchte Leben

Roman. Aus dem karibischen Französisch von Volker Rauch. 334 Seiten. SP 2642

An ihr haftet der Makel der unehelichen Geburt, und zu einer eigenen Identität hat sie noch nicht gefunden. So beginnt die Ich-Erzählerin Claude die Geschichte ihrer Familie auf Guadeloupe zu recherchieren und das Epos ihrer Schicksale. Da ist zunächst ihr Urgroßvater Albert, »ein schöner Neger von ungefähr zweiunddreißig Jahren«, der, jung und zupackend, sich aufmacht, der Armut und dem Elend der Zuckerrohrplantagen zu entkommen. Er verläßt Guadeloupe, arbeitet mit beim Bau des Panamakanals, verliebt sich unsterblich in die sechzehnjährige Lisa, folgt den Goldgräbern nach Kalifornien, kehrt zurück auf seine Insel. Das abenteuerlich-spannende Schicksal Alberts, seiner fünf Söhne, seiner Enkel und seiner Urenkelin Claude spiegelt in prächtigen Farben und nuancierten Facetten das Leben der Menschen in Guadeloupe wider.

Melissa Pierson

Über die Leidenschaft,
ein Motorrad zu fahren
Aus dem Amerikanischen von
Gabriele Herbst. 288 Seiten mit
24 Abbildungen. SP 2831

Sie strahlen Kraft und Eleganz aus, sagen die einen. Sie sind nichts als lebensgefährliche Maschinen, sagen die anderen. Melissa Pierson meint: Vom Motorrad zu lernen heißt, fürs Leben zu lernen. Motorräder sind handfeste Selbsterfahrung, sie erwecken Urgefühle von Freiheit und Furcht, Wagemut und Neugier, sie dienen der Lust und der Meditation. In ihrem sehr persönlichen Bericht beschreibt sie die Herausforderung einer Kurve genauso eindrucksvoll wie die Kunst, einen Vergaser einzustellen. Sie erzählt von den Ritualen und Gefahren, von der Geborgenheit in der Gemeinschaft. Geht es ums Motorradfahren, teilt sich die Menschheit in zwei Lager: Die einen wollten eigentlich schon immer einmal, die anderen halten es für glatten Selbstmord. Motorradfahren läßt niemanden kalt, denn Motorräder sind nicht einfach nur Maschinen, sondern sie sind Gefährten auf dem Weg zur Selbsterfahrung, Vehikel einer Sehnsucht nach Unmittelbarkeit und eine Herausforderung, die eigenen Grenzen zu erleben. Vom Motorrad zu lernen heißt, für das Leben zu lernen. Melissa Pierson zeigt, wie Motorradfahren immer auch Aufbruch ist – aus gewohnten Welten, aus festgefahrenen Liebesbeziehungen, aus Lebenskrisen. Auf einfühlsame Weise spiegelt sie die innersten Empfindungen wider und beschreibt alle wichtigen Dinge rund um das Motorradfahren. Dabei läßt sie auch prominente Biker wie Bob Dylan, Konrad Lorenz oder Charles Lindbergh zu Wort kommen.

»Die Sinnlichkeit der Maschinen, die Identität von Sein und Schein werden hier eindrucksvoll beschrieben.«
Süddeutsche Zeitung

SERIE
PIPER

Afrikanissimo

Ein heiter-sinnliches Lesebuch.
Herausgegeben von Ilija Trojanow
und Peter Ripken. 216 Seiten.
SP 1654

Was macht ein fabulierender Friseur in Afrika? Führt der Tanz mit Schenkelglocken tatsächlich direkt zur Heirat? Überraschend und sinnlich, witzig und geheimnisvoll, unergründlich und voller Magie so präsentiert sich diese ungewöhnliche Anthologie, die zeitgenössische Autoren aus Schwarzafrika vorstellt, darunter auch den Literaturnobelpreisträger Wole Soyinka, Archaisches, Fremdartiges und Erotisches mischen sich mit Vertrautem – der literarisch nahezu unbekannte Kontinent bleibt nicht länger Terra incognita.

»Ein Leckerbissen, der Lust auf mehr macht.«
Wochenspiegel

»Eine Weltliteratur ohne afrikanische Literatur ist wie ein Orchester, dem einige Instrumente fehlen.«
Doris Lessing

Töchter Afrikas

Schwarze Frauen erzählen.
Herausgegeben von Koyo Kouoh
und Holger Ehling. 300 Seiten.
SP 2197

Seit Alice Walker ihren Erfolgsroman »Die Farbe Lila« veröffentlichte, seit der harte Realismus Terry McMillans die literarische Szene erobert hat, spätestens aber seit Toni Morrison 1993 als erste schwarze Schriftstellerin den Literaturnobelpreis erhielt, boomt die afroamerikanische Literatur von Frauen. Dieser Band versteht sich als poetische Fundgrube: Neben der Erzählprosa berühmter Autorinnen aus Schwarzafrika, Amerika und der Karibik erscheinen hier elf Texte erstmals in deutscher Sprache. Darüber hinaus erschließt diese Anthologie die Gemeinsamkeiten, welche schwarze Autorinnen verbinden.

»Man spürt im Verlauf der Lektüre, wie der thematische Brennpunkt von Erzählung zu Erzählung fast kontinuierlich wandert. Die sich überlagernden Erzählstimmen scheinen die schwarzen Frauen in Afrika und der Diaspora für Augenblicke wieder zusammenzuführen.«
Neue Zürcher Zeitung

Lieve Joris

Mali Blues

Ein afrikanisches Tagebuch. Aus dem Niederländischen von Ira Wilhelm und Jaap Grave. 313 Seiten. SP 2977

Was macht Lieve Joris' Erzählungen über fremde Länder so besonders berührend? Sie *lebt* mit den Menschen an den Orten, bevor sie über sie schreibt. Die Afrikaner, die sie auf ihren Reisen trifft, sind Überlebenskünstler, die Zauberei, Tradition und Moderne zu vereinbaren wissen. Der politischen Unfähigkeit ihrer Regierungen bewußt, nehmen sie mit Mut und viel Humor ihr Leben selbst in die Hand – wie der junge Amadou aus einer kleinen Stadt am Ufer des Senegal, der sich als einziger Besitzer eines Fernsehapparats in seiner Nachbarschaft eine gute Einnahmequelle verschafft hat. Oder der Schulinspektor Sass, mit dem die Autorin die Wüste Südmauretaniens durchqueren will und der erst einmal warten muß, bis ein paar pfiffige Automechaniker auf Kamelen angeritten kommen und seinen Toyota reparieren. Lieve Joris schildert die Hoffnung und die Poesie dieses Kontinents.

Die Tore von Damaskus

Eine arabische Reise. Aus dem Niederländischen von Barbara Heller. 301 Seiten. SP 3088

Wie ein Roman liest sich die Geschichte der jungen syrischen Soziologin Hala, die mit ihrer Tochter Asma allein in Damaskus lebt. Zwölf Jahre zuvor hatte die Geheimpolizei bei einer Razzia Halas Wohnung gestürmt und ihren Mann Ahmed verhaftet – er war Marxist. Halas Leben wird nun bestimmt von der konservativen Familie ihres Mannes, der wechselhaften Tagespolitik und ihrem eigenen Wunsch nach einem selbständigen, unabhängigen Leben. Lieve Joris begleitet sie auf ihren Fahrten kreuz und quer durchs Land, wo sich karge Wüstenlandschaften und üppige Oasen abwechseln, modernste Großstädte und kleine Dörfer. Hinter dieser farbenprächtigen Welt verbirgt sich jedoch Halas Lebenstragödie, denn längst hat sie aufgehört, ihren Mann zu lieben. Nun aber steht eine Amnestie bevor und damit auch die Rückkehr von Ahmed ...

Yann Queffélec

Lena in der Nacht

Roman. Aus dem Französischen von Michael Hofmann. 333 Seiten.
SP 2698

Lena irrt durch Marseille. Nach der Trennung ihrer Eltern ist sie, gerade vierzehnjährig, von zu Hause ausgerissen und fällt Momo in die Hände, dem netten und grausamen Araberjungen, dem kleinen Dealer aus dem Norden der Stadt, wo die Illegalen leben, verstrickt in Bandenkriege und Drogengeschäfte. Momo versteckt Lena, er zwingt sie, bei ihm zu bleiben. Lena, die Tochter eines Polizisten, ist sein blonder Traum von einer anderen, bürgerlichen Wirklichkeit. – In diesem kraftvollen, vielschichtigen Roman konfrontiert Quefféles die sozialen Mißstände französischer Vorstädte mit den verlogenen Fassaden bürgerlicher Verhältnisse. »Lena in der Nacht« ist gleichzeitig erschütternde Sozialreportage, psychologischer Roman und spannender Thriller.
»Das ist ein tiefgreifender, ein vibrierender Roman und ohne Zweifel das beste von Queffélecs Büchern, voller menschlicher Wahrheit, voller Emotionen.«
Le Figaro

Die Macht der Liebe

Roman. Aus dem Französischen von Michael Hofmann. 297 Seiten.
SP 2699

Als Mona nach acht Jahren Haft wegen Mordes an ihrem Geliebten bei einem Gefangenentransport fliehen kann, begegnet sie Emmanuel, einem Macho der Sonderklasse, und schlüpft bei ihm unter. Er gibt ihr Arbeit, Wohnung und Kleider und verfällt der attraktiven, wenn auch völlig heruntergekommenen jungen Frau bedingungslos. Doch Mona will nur eines: ihre kleine Tochter finden, die sie im Gefängnis zur Welt gebracht und zur Adoption hatte freigeben müssen. Eine Odyssee quer durch Frankreich nach Süden beginnt. – Dieser psychologische Thriller ist wieder ein Quefféles par excellence: kraftvoll und spannend, aber auch zart, poetisch, voller Emotionen und von beeindruckendem Tiefgang, wenn er Menschen in ihrer existentiellen Grundausstattung begreiflich macht.

Jean Rouaud

Die Felder der Ehre

*Roman. Aus dem Französischen
von Carina von Enzenberg und
Hartmut Zahn.
217 Seiten. SP 2016*

Jean Rouaud erzählt in seinem
mit dem Prix Goncourt ausge-
zeichneten Debütroman auf
sehr persönliche Weise wichtige Stationen unseres Jahrhunderts nach, indem er sich an
die Geschichte seiner eigenen
Familie erinnert. Eine Saga
also, die drei Generationen
umspannt, ohne sich jedoch
den Regeln der Chronologie zu
unterwerfen. Anlaß zum Öffnen dieses Familienalbums geben drei Todesfälle, die sich
alle im selben Winter ereignen
und um die sich die Geschichte
zentriert: der Großvater, ständig von einer Wolke dichten
Tabakqualms umgeben, der
mit seinem zerbeulten 2CV die
Gegend unsicher macht; die
bigotte Tante Marie, die je-
weils den Heiligen des Tages
auf ihrer Seite hat und die für
ihren im Großen Krieg gefalle-
nen Bruder Joseph, den sie so
liebte, ihre Weiblichkeit hingab; schließlich der Vater des
Erzählers, dessen früher Tod

die so subtil humorvolle und
skurrile Chronik überschattet
und ihr unausgesprochene Tra-
gik verleiht.

»Nicht nur der Regen ist das
philosophische Element dieses
wunderbar zärtlichen Romans
über ein grausames Jahrhundert. Mehr noch ist es der gift-
grüne Nebel, der die Anfänge
unserer Moderne bedeckt.«
Die Zeit

Hadrians Villa in unserem Garten

*Roman. Aus dem Französischen
von Carina von Enzenberg und
Hartmut Zahn.
224 Seiten. SP 2292*

»Ein hinreißendes Buch. Es hat
alles, was ich mir von einem
Buch wünsche: Witz, Wär-
me, eine feine, sehr poetische
Sprache, eine großartige Geschichte, es hat Menschlichkeit
und Spannung und berührt
den Leser über das Persönliche
der Familiengeschichte hinaus
auch da, wo es weh tut.«
Elke Heidenreich

Die ungefähre Welt

*Roman. Aus dem Französischen
von Carina von Enzenberg und
Hartmut Zahn.
275 Seiten. SP 2815*